APRENDA
TENSORFLOW

Dos Fundamentos às Aplicações Práticas
Edição 2024

DIEGO RODRIGUES

APRENDA TENSORFLOW
Dos Fundamentos às Aplicações Práticas

Edição 2024
Autor: Diego Rodrigues

Publicado por StudioD21.

Nota Importante

Os códigos e scripts apresentados neste livro têm como objetivo ilustrar os conceitos discutidos nos capítulos, servindo como exemplos práticos. Esses exemplos foram desenvolvidos em ambientes personalizados e controlados, e portanto, não há garantia de que funcionarão plenamente em todos os cenários. É essencial verificar as configurações e personalizações do ambiente onde serão aplicados para assegurar seu funcionamento adequado. Agradecemos pela compreensão.

ÍNDICE

SAUDAÇÕES!

Olá, caro leitor!

É uma grande honra recebê-lo aqui, pronto para mergulhar no universo da inteligência artificial com o TensorFlow. Sua escolha de explorar esta poderosa ferramenta demonstra sua visão e determinação em se destacar em uma das áreas mais transformadoras da tecnologia. Neste livro, **"Aprenda TensorFlow: Dos Fundamentos às Aplicações Práticas - Edição 2024"**, você encontrará um guia abrangente e dinâmico, projetado para capacitar tanto iniciantes quanto profissionais experientes.

Investir em seu desenvolvimento nesta era da computação avançada é uma decisão estratégica. O aprendizado profundo e o TensorFlow, em particular, oferecem possibilidades imensas para aqueles que dominam sua aplicação. Este livro foi cuidadosamente elaborado para ser um recurso de aprendizado rápido e aplicação prática, fornecendo as ferramentas necessárias para transformar ideias em soluções reais e escaláveis.

Você está prestes a embarcar em uma jornada que o levará desde os conceitos fundamentais até as técnicas mais avançadas da inteligência artificial. Cada capítulo foi estruturado para desafiar sua mente, encorajar a experimentação e oferecer uma visão prática de como o TensorFlow está moldando o futuro da tecnologia. Desde redes neurais convolucionais até aprendizado transferido e aplicações em IoT, este livro foi feito para ampliar seus horizontes e fortalecer suas habilidades técnicas.

A evolução tecnológica exige profissionais preparados

para enfrentar desafios complexos. Este livro é um recurso essencial para ajudá-lo a se manter à frente, com insights detalhados, estudos de caso e exemplos práticos que facilitam a implementação de soluções robustas e inovadoras. A cada página, você encontrará a inspiração e o conhecimento necessários para liderar projetos e criar um impacto significativo em sua carreira e na sociedade.

Prepare-se para uma experiência de aprendizado enriquecedora e desafiadora. Juntos, exploraremos o potencial ilimitado do TensorFlow, e você descobrirá como sua aplicação prática pode transformar a maneira como desenvolvemos soluções tecnológicas. É uma jornada de crescimento, descoberta e excelência, e estamos prontos para dar o primeiro passo.

Boa leitura e muito sucesso!

SOBRE O AUTOR

www.linkedin.com/in/diegoexpertai

Autor Best-Seller, Diego Rodrigues é Consultor e Escritor Internacional especializado em Inteligência de Mercado, Tecnologia e Inovação. Com 42 certificações internacionais de instituições como IBM, Google, Microsoft, AWS, Cisco, e Universidade de Boston, Ec-Council, Palo Alto e META.

Rodrigues é expert em Inteligência Artificial, Machine Learning, Ciência de Dados, Big Data, Blockchain, Tecnologias de Conectividade, Ethical Hacking e Threat Intelligence.

Desde 2003, Rodrigues já desenvolveu mais de 200 projetos para marcas importantes no Brasil, EUA e México. Em 2024, ele se consolida como um dos maiores autores de livros técnicos do mundo da nova geração, com mais de 180 títulos publicados em seis idiomas.

APRESENTAÇÃO DO LIVRO

Bem-vindo a **"APRENDA TENSORFLOW: Dos Fundamentos às Aplicações Práticas"**, um guia completo que o conduzirá ao fascinante universo do aprendizado profundo. Este livro foi cuidadosamente planejado para ser a ponte entre a curiosidade inicial e a maestria em uma das ferramentas mais poderosas e versáteis da atualidade, o TensorFlow.

A revolução da Inteligência Artificial (IA) está remodelando o mundo em um ritmo impressionante. Desde a personalização de recomendações em plataformas de streaming até os avanços em diagnósticos médicos, o aprendizado profundo desempenha um papel central em diversas inovações. Nesse contexto, dominar uma biblioteca como o TensorFlow não é apenas um diferencial competitivo, mas também uma oportunidade de participar ativamente dessa transformação global.

Por que este livro é essencial para você?

Com o crescimento exponencial das aplicações de aprendizado profundo, a demanda por profissionais qualificados nunca foi tão alta. No entanto, aprender a criar e implementar modelos eficientes pode parecer um desafio intimidador para iniciantes e até mesmo para desenvolvedores experientes. Este livro foi elaborado para resolver essa lacuna, apresentando o TensorFlow de forma prática, didática e acessível.

Você será guiado passo a passo desde os fundamentos essenciais até as aplicações mais avançadas. Este guia é mais do que uma introdução teórica: ele oferece ferramentas, exemplos e insights que você poderá aplicar imediatamente em projetos reais. Nossa meta é transformar o aprendizado do TensorFlow em uma experiência enriquecedora e instigante.

O que você encontrará neste livro?

Este livro é estruturado em 25 capítulos cuidadosamente organizados para que o leitor possa evoluir gradualmente em sua jornada de aprendizado. A seguir, apresentamos um panorama do que cada capítulo abordará, destacando sua importância:

- **Capítulo 1: Introdução ao TensorFlow**
  Descubra a história, os princípios e as vantagens do TensorFlow. Entenda por que ele é a escolha preferida de empresas líderes e instituições de pesquisa.
- **Capítulo 2: Configuração do Ambiente**
  Prepare-se para começar: aprenda a instalar o TensorFlow em diferentes sistemas operacionais e configure seu ambiente de desenvolvimento de forma eficiente.
- **Capítulo 3: Fundamentos de Tensores**
  Explore os blocos de construção fundamentais do aprendizado profundo. Manipule e transforme tensores para lidar com dados de maneira otimizada.
- **Capítulo 4: Estruturas de Dados no TensorFlow**
  Mergulhe nas diferenças entre Tensors e Arrays NumPy. Aprenda a integrar dados e a criar pipelines compatíveis com o TensorFlow.
- **Capítulo 5: Introdução ao Keras**
  Descubra como o Keras, integrado ao TensorFlow, simplifica a construção de modelos complexos. Conheça os modelos sequenciais e funcionais.
- **Capítulo 6: Treinamento de Modelos**
  Aprenda o ciclo de treinamento, desde o forward pass até a otimização dos pesos, para criar modelos eficientes e precisos.

- **Capítulo 7: Funções de Ativação**
  Conheça o impacto das funções de ativação como ReLU, Sigmoid e Softmax. Escolha a mais adequada para cada problema.
- **Capítulo 8: Regularização de Modelos**
  Implemente estratégias como Dropout e penalidades L1/L2 para evitar overfitting e criar modelos mais robustos.
- **Capítulo 9: Datasets e Pipelines com tf.data**
  Estruture e otimize seus conjuntos de dados com o módulo tf.data. Explore técnicas avançadas de augmentação e processamento em lote.
- **Capítulo 10: Redes Convolucionais (CNNs)**
  Descubra como as CNNs revolucionaram a visão computacional. Crie classificadores poderosos com TensorFlow.
- **Capítulo 11: Redes Recorrentes (RNNs)**
  Entenda como as RNNs, LSTMs e GRUs processam sequências temporais e dados textuais. Aplique-as em séries temporais e processamento de linguagem natural.
- **Capítulo 12: Transfer Learning**
  Economize tempo e recursos utilizando modelos pré-treinados. Personalize-os para resolver problemas específicos com alta eficiência.
- **Capítulo 13: Redes Adversárias Generativas (GANs)**
  Mergulhe no fascinante mundo das GANs e aprenda a criar geradores de imagens realistas usando o TensorFlow.
- **Capítulo 14: Transformers**
  Explore os fundamentos dos Transformers, a arquitetura por trás de modelos de NLP como BERT e GPT. Desenvolva aplicações avançadas de processamento de linguagem.
- **Capítulo 15: Visualização com TensorBoard**
  Monitore métricas, analise gráficos de desempenho e otimize seus modelos com o auxílio do TensorBoard.
- **Capítulo 16: Aplicações em IoT**
  Descubra como o TensorFlow Lite permite levar modelos de aprendizado profundo para dispositivos embarcados e

soluções de IoT.

- **Capítulo 17: Treinamento Distribuído**
  Acelere o treinamento de modelos em larga escala utilizando GPUs e clusters distribuídos.
- **Capítulo 18: Exportação e Deploy de Modelos**
  Aprenda a exportar e implantar modelos em produção utilizando ferramentas como TensorFlow Serving e serviços em nuvem.
- **Capítulo 19: Optimizers e Loss Functions**
  Domine os principais otimizadores e funções de perda, essenciais para refinar o desempenho dos modelos.
- **Capítulo 20: Benchmarking e Otimização**
  Identifique gargalos de desempenho e implemente estratégias para otimizar a eficiência computacional.
- **Capítulo 21: Segurança e Robustez em Modelos**
  Crie modelos resilientes, prevenindo ataques adversários e garantindo alta confiabilidade.
- **Capítulo 22: Estudos de Caso**
  Aplique o que aprendeu em problemas reais, desde classificação de imagens até modelos de linguagem.
- **Capítulo 23: TensorFlow e o Futuro da IA**
  Explore tendências emergentes e as direções futuras da tecnologia no campo do aprendizado profundo.
- **Capítulo 24: Aplicações em Grande Escala**
  Aprenda a integrar o TensorFlow em sistemas empresariais e projetos de grande porte.
- **Capítulo 25: Projetos Práticos**
  Conclua sua jornada com projetos desafiadores e instigantes, consolidando seus conhecimentos.

Por que seguir nesta jornada?

Este livro não é apenas um guia técnico. É um convite para você transformar ideias em soluções reais. Seja você um iniciante curioso ou um profissional em busca de novas habilidades, dominar o TensorFlow pode abrir portas para uma infinidade de oportunidades. Ao seguir os capítulos, você descobrirá como aplicar aprendizado profundo para resolver problemas, inovar e criar impacto no mundo.

Convidamos você a embarcar nesta jornada conosco. Ao final, você não será apenas um usuário do TensorFlow, mas um especialista capaz de liderar projetos que transformam o futuro.

Boa leitura e sucesso em sua jornada de aprendizado!

CAPÍTULO 1: INTRODUÇÃO AO TENSORFLOW

TensorFlow é uma biblioteca de aprendizado profundo que se consolidou como uma das ferramentas mais poderosas e amplamente utilizadas em inteligência artificial. Criada pelo Google em 2015, ela foi projetada para atender à crescente demanda por ferramentas flexíveis e eficientes no desenvolvimento de modelos de aprendizado de máquina e aprendizado profundo. Sua influência se estende por uma ampla gama de indústrias, desde saúde e finanças até transporte e tecnologia, tornando-a uma escolha essencial para desenvolvedores, pesquisadores e empresas.

O TensorFlow nasceu da necessidade de resolver problemas complexos de aprendizado de máquina de maneira escalável e modular. Antes do TensorFlow, bibliotecas como Theano e Torch já ofereciam suporte a redes neurais, mas sua adoção era limitada por interfaces menos intuitivas e suporte restrito a implementações em larga escala. O Google desenvolveu o TensorFlow para unificar os esforços de pesquisa e produção, criando uma plataforma que oferecesse tanto flexibilidade para experimentação quanto robustez para implantações industriais.

A história do TensorFlow começa com sua primeira versão, projetada para substituir o DistBelief, uma infraestrutura interna do Google para aprendizado de máquina. Ao adotar um paradigma baseado em gráficos computacionais, o TensorFlow permitiu que os desenvolvedores definissem operações matemáticas como um grafo de dependências, facilitando a execução em dispositivos heterogêneos, como CPUs, GPUs e

TPUs. Desde então, o TensorFlow evoluiu significativamente, com a introdução de melhorias como a execução dinâmica com Eager Execution, maior integração com Keras e suporte aprimorado para dispositivos móveis e IoT.

O impacto do TensorFlow é evidente em diversos setores. Na saúde, ele é usado para diagnósticos baseados em imagens médicas, como a detecção de câncer em mamografias. No setor financeiro, ajuda a prever tendências de mercado e a identificar fraudes. Em transporte, alimenta sistemas de direção autônoma e otimização de rotas. Sua capacidade de processar grandes volumes de dados e treinar redes neurais complexas o torna indispensável para aplicações que demandam alta precisão e desempenho.

Uma das principais características do TensorFlow é sua versatilidade. Ele suporta desde pequenos projetos de pesquisa até implementações em larga escala em clusters distribuídos. Sua modularidade permite que os desenvolvedores escolham entre APIs de alto nível, como Keras, para uma abordagem mais simplificada, ou APIs de baixo nível, para controle total sobre as operações matemáticas e os modelos.

Ao compará-lo com outras bibliotecas de aprendizado profundo, algumas diferenças importantes surgem. O PyTorch, por exemplo, é conhecido por sua execução dinâmica, que facilita a depuração e a construção de modelos iterativos. O TensorFlow respondeu a isso com a introdução do Eager Execution, permitindo que operações sejam avaliadas imediatamente sem a necessidade de compilar um grafo estático. Enquanto o TensorFlow é amplamente adotado em ambientes de produção devido à sua estabilidade e ferramentas de suporte, o PyTorch frequentemente é preferido por pesquisadores devido à sua curva de aprendizado menos íngreme e sintaxe mais próxima do Python puro.

Outras bibliotecas, como MXNet e Caffe, têm seus próprios nichos. O MXNet é popular em dispositivos móveis e IoT devido à sua eficiência, enquanto o Caffe é frequentemente usado em visão computacional. No entanto, o TensorFlow se destaca pela amplitude de seu ecossistema, que inclui bibliotecas especializadas, como TensorFlow Lite para dispositivos móveis, TensorFlow.js para execução no navegador e TensorFlow Extended (TFX) para pipelines de aprendizado de máquina.

Para entender o papel do TensorFlow no aprendizado profundo, é importante explorar alguns de seus conceitos fundamentais. O aprendizado profundo baseia-se em redes neurais artificiais, que são compostas de camadas de neurônios artificiais conectados. Cada camada realiza operações matemáticas, como multiplicação de matrizes e adição de bias, para transformar dados de entrada em previsões ou representações internas. O TensorFlow fornece ferramentas para criar essas operações de maneira eficiente e escalável.

Uma característica central do TensorFlow é sua capacidade de treinar modelos usando backpropagation, um algoritmo que ajusta os pesos das conexões neurais com base no erro observado. O TensorFlow automatiza esse processo por meio de seu mecanismo de diferenciação automática, que calcula gradientes para atualizar os pesos. Isso permite que os desenvolvedores se concentrem na arquitetura do modelo e nos dados, em vez de se preocuparem com a matemática subjacente.

Por exemplo, a construção de um modelo de regressão linear simples pode ser realizada com poucas linhas de código:

python

```python
import tensorflow as tf

# Definindo os dados de entrada e saída
X = tf.constant([[1.0], [2.0], [3.0], [4.0]])
y = tf.constant([[2.0], [4.0], [6.0], [8.0]])

# Criando o modelo
model = tf.keras.Sequential([
    tf.keras.layers.Dense(units=1, input_shape=[1])
```

```
])
```

```
# Compilando o modelo
model.compile(optimizer='sgd', loss='mean_squared_error')
```

```
# Treinando o modelo
model.fit(X, y, epochs=100)
```

Neste exemplo, o modelo aprende a ajustar os pesos para prever y com base em X usando uma única camada densa. A simplicidade da API Keras, integrada ao TensorFlow, permite que modelos sejam construídos e treinados com rapidez, enquanto o TensorFlow lida com os detalhes técnicos em segundo plano.

Outro ponto forte do TensorFlow é sua capacidade de escalar para aplicações distribuídas. Ele suporta treinamento em múltiplas GPUs e até mesmo em clusters de máquinas, o que é essencial para lidar com datasets grandes e modelos complexos. O módulo tf.distribute facilita a paralelização do treinamento sem exigir mudanças significativas no código existente.

Para ilustrar a execução distribuída, considere um modelo treinado em várias GPUs:

python

```
import tensorflow as tf
```

```
# Estratégia de distribuição
strategy = tf.distribute.MirroredStrategy()
```

```
# Configuração do modelo dentro da estratégia
with strategy.scope():
    model = tf.keras.Sequential([
        tf.keras.layers.Dense(units=128, activation='relu',
input_shape=[10]),
        tf.keras.layers.Dense(units=64, activation='relu'),
        tf.keras.layers.Dense(units=1)
    ])
    model.compile(optimizer='adam',
loss='mean_squared_error')
```

```python
# Dados fictícios
import numpy as np
X_train = np.random.random((1000, 10))
y_train = np.random.random((1000, 1))

# Treinamento distribuído
model.fit(X_train, y_train, epochs=50, batch_size=32)
```

A facilidade de usar estratégias de distribuição torna o TensorFlow uma escolha robusta para cenários industriais, onde a eficiência é crítica.

Além de seus recursos principais, o TensorFlow também oferece suporte para visualização de métricas de treinamento com o TensorBoard. Essa ferramenta permite monitorar o progresso do treinamento, inspecionar gradientes e analisar o desempenho do modelo em tempo real. A integração do TensorBoard ao TensorFlow é direta e altamente benéfica para ajustar modelos e diagnosticar problemas.

O impacto do TensorFlow vai além da academia e da indústria. Sua comunidade ativa e recursos extensivos, como documentação detalhada, tutoriais e exemplos práticos, tornam o aprendizado acessível para desenvolvedores em todos os níveis de experiência. A biblioteca também promove inovação contínua, com atualizações frequentes que introduzem novas funcionalidades e aprimoramentos.

A capacidade do TensorFlow de abranger desde o aprendizado supervisionado até o não supervisionado, de redes neurais convolucionais a modelos baseados em Transformers, e de dispositivos móveis a clusters em nuvem, destaca sua versatilidade. Dominar o TensorFlow significa não apenas adquirir uma habilidade técnica, mas também abrir portas para contribuir em um dos campos mais dinâmicos e transformadores da tecnologia.

CAPÍTULO 2: CONFIGURAÇÃO DO AMBIENTE

A configuração de um ambiente de desenvolvimento adequado é o primeiro passo para garantir eficiência e produtividade ao trabalhar com TensorFlow. Escolher e configurar corretamente seu ambiente garante que os projetos sejam executados sem problemas, otimizando o desempenho e evitando erros de compatibilidade. Abaixo, são detalhadas as etapas para instalar e configurar o TensorFlow em sistemas operacionais populares, além da criação de ambientes virtuais para projetos organizados.

Instalação no Windows

No sistema operacional Windows, a instalação do TensorFlow exige atenção aos detalhes de compatibilidade. O TensorFlow pode ser instalado usando pip, o gerenciador de pacotes do Python. É essencial garantir que os pré-requisitos, como a versão correta do Python e as bibliotecas necessárias, estejam instalados.

Primeiro, verifique se o Python está instalado. Acesse o terminal ou prompt de comando e execute:

bash

```
python --version
```

Se o Python não estiver instalado, baixe-o do site oficial (https://www.python.org) e instale a versão recomendada (3.8 ou superior). Certifique-se de selecionar a opção "Add Python to

PATH" durante a instalação.

Após verificar ou instalar o Python, atualize o gerenciador de pacotes pip:

bash

```
python -m pip install --upgrade pip
```

Com o pip atualizado, instale o TensorFlow usando o comando:

bash

```
pip install tensorflow
```

Para máquinas com GPUs NVIDIA, o suporte ao CUDA pode ser habilitado para acelerar os cálculos. Instale os drivers mais recentes da NVIDIA, o toolkit CUDA e o cuDNN, disponíveis no site oficial da NVIDIA. Após a instalação, verifique se o TensorFlow reconhece a GPU:

python

```
import tensorflow as tf
print("GPU disponível:", tf.config.list_physical_devices('GPU'))
```

Esse comando retorna uma lista de GPUs disponíveis. Se nenhuma GPU for detectada, revise as configurações do CUDA e do cuDNN.

Instalação no macOS

No macOS, o TensorFlow pode ser instalado diretamente usando pip. Acesse o terminal e atualize o Python e o pip:

bash

```
brew install python
python3 -m pip install --upgrade pip
```

Instale o TensorFlow com:

bash

```
pip install tensorflow-macos
```

Embora o TensorFlow tenha suporte ao acelerador de aprendizado profundo Metal no macOS, que melhora o desempenho em GPUs Apple, ele não suporta CUDA, pois os dispositivos Apple não utilizam GPUs NVIDIA.

Após a instalação, teste se o TensorFlow foi configurado corretamente:

python

```
import tensorflow as tf
print(tf.reduce_sum(tf.random.normal([1000, 1000])))
```

Se a operação for executada sem erros, o TensorFlow está pronto para uso.

Instalação no Linux

O Linux é amplamente utilizado em aprendizado de máquina devido à sua estabilidade e flexibilidade. Para instalar o TensorFlow, certifique-se de que as dependências básicas, como Python e pip, estão instaladas.

Atualize os repositórios do sistema:

bash

```
sudo apt update && sudo apt upgrade
```

Instale as dependências:

bash

```
sudo apt install python3 python3-pip python3-venv
```

Instale o TensorFlow com:

bash

```
pip install tensorflow
```

Para habilitar o suporte a GPU, instale os drivers NVIDIA, o CUDA Toolkit e o cuDNN. Após configurar a GPU, teste sua disponibilidade no TensorFlow:

python

```
import tensorflow as tf
print("GPU disponível:", tf.config.list_physical_devices('GPU'))
```

Instalação no Google Colab

O Google Colab é uma plataforma baseada em nuvem que fornece acesso gratuito a GPUs e TPUs. Ele é uma excelente opção para quem não possui hardware avançado localmente.

Acesse o Google Colab em https://colab.research.google.com e crie um novo notebook. Por padrão, o TensorFlow já está instalado. Para verificar a versão instalada:

python

```
import tensorflow as tf
print("Versão do TensorFlow:", tf.__version__)
```

Se precisar de uma versão específica, instale-a diretamente no notebook:

bash

```
!pip install tensorflow==2.12.0
```

Habilite o uso de GPU acessando **Runtime > Change runtime type** e selecionando "GPU". Após isso, execute:

python

```
import tensorflow as tf
print("Dispositivo disponível:", tf.test.gpu_device_name())
```

Essa configuração torna o Colab uma ferramenta ideal para experimentação e treinamento de modelos sem a necessidade de investir em hardware.

Criação de Ambientes Virtuais

A criação de ambientes virtuais é essencial para manter projetos isolados e evitar conflitos de dependências entre diferentes projetos. O Python oferece ferramentas integradas para criar e gerenciar ambientes virtuais, como venv.

Para criar um ambiente virtual, escolha o diretório onde deseja armazená-lo e execute:

bash

```
python -m venv my_env
```

Substitua my_env pelo nome do ambiente. Ative o ambiente virtual com:

No Windows:

bash

```
my_env\Scripts\activate
```

No macOS/Linux:

bash

```
source my_env/bin/activate
```

Quando o ambiente virtual estiver ativado, o prompt indicará o nome do ambiente. Dentro desse ambiente, instale o TensorFlow:

bash

```
pip install tensorflow
```

Para desativar o ambiente virtual, use:

bash

deactivate

Esse processo garante que cada projeto use versões específicas de bibliotecas, evitando conflitos.

Configuração Adicional com Docker

O Docker é uma alternativa poderosa para configurar ambientes de aprendizado de máquina. Ele cria contêineres isolados que incluem todas as dependências necessárias.

Instale o Docker e baixe a imagem oficial do TensorFlow:

bash

```
docker pull tensorflow/tensorflow:latest
```

Para iniciar um contêiner interativo:

bash

```
docker run -it --rm tensorflow/tensorflow:latest bash
```

No contêiner, o TensorFlow já está pré-instalado. Para usar GPUs, certifique-se de que o Docker suporta o NVIDIA Container Toolkit.

bash

```
docker run --gpus all -it tensorflow/tensorflow:latest-gpu bash
```

Esse método é útil para reproduzir ambientes idênticos em diferentes sistemas.

Testando e Validando a Instalação

Após configurar o ambiente, é importante validar se o TensorFlow foi instalado corretamente e está funcionando como esperado. Um teste simples envolve a execução de operações básicas:

python

```
import tensorflow as tf

# Criando um tensor
tensor = tf.constant([[1.0, 2.0], [3.0, 4.0]])

# Multiplicação de matriz
result = tf.matmul(tensor, tensor)

print("Resultado da multiplicação:", result)
```

Essa execução verifica se as operações matemáticas básicas funcionam sem erros.

A configuração correta do ambiente é um passo crucial para garantir a eficiência e o sucesso no desenvolvimento com TensorFlow. Seja utilizando sistemas locais, plataformas baseadas em nuvem ou contêineres, cada método possui vantagens específicas para diferentes cenários. A organização com ambientes virtuais e a utilização de GPUs ou TPUs otimizam o desempenho, preparando o terreno para o desenvolvimento de soluções inovadoras em aprendizado profundo.

CAPÍTULO 3: FUNDAMENTOS DE TENSORES

Os tensores são os elementos fundamentais no aprendizado profundo, sendo utilizados para representar e manipular dados de maneira eficiente. No TensorFlow, os tensores são estruturas multidimensionais que podem conter dados como números inteiros, de ponto flutuante, booleanos ou outros tipos. Eles são generalizações de matrizes e vetores que suportam operações matemáticas avançadas em hardware acelerado, como GPUs e TPUs. Dominar os conceitos e operações com tensores é essencial para trabalhar com aprendizado profundo e machine learning de forma eficaz.

Os tensores podem ser criados de diferentes formas no TensorFlow, incluindo a partir de arrays, listas ou outras estruturas de dados. Cada tensor possui propriedades como forma (shape), tipo de dado (dtype) e dispositivo (device) onde está alocado. A flexibilidade dos tensores permite representar dados simples, como números escalares, até estruturas complexas, como imagens, vídeos ou séries temporais.

A criação de tensores pode ser realizada com funções dedicadas do TensorFlow. Para criar um tensor constante, use a função tf.constant:

python

```
import tensorflow as tf

# Criando um tensor constante
tensor_constant = tf.constant([[1, 2], [3, 4]])
```

```
print("Tensor constante:")
print(tensor_constant)
```

O tensor criado possui dois eixos (dimensões) e armazena os valores fornecidos como uma lista aninhada. A propriedade shape permite verificar as dimensões do tensor:

python

```
print("Forma do tensor:", tensor_constant.shape)
```

A manipulação de tensores é uma parte central do aprendizado profundo. Operações como soma, multiplicação e outras transformações são aplicadas para preparar os dados antes de treiná-los em modelos de aprendizado profundo. A multiplicação de tensores pode ser realizada com a função tf.matmul para multiplicação de matrizes ou com o operador * para operações elemento a elemento:

python

```
# Multiplicação de matrizes
tensor_a = tf.constant([[1, 2], [3, 4]])
tensor_b = tf.constant([[5, 6], [7, 8]])

matrix_multiplication = tf.matmul(tensor_a, tensor_b)
print("Multiplicação de matrizes:")
print(matrix_multiplication)

# Multiplicação elemento a elemento
element_wise_multiplication = tensor_a * tensor_b
print("Multiplicação elemento a elemento:")
print(element_wise_multiplication)
```

As diferenças entre essas operações refletem o uso de tensores em contextos variados, como processamento de dados numéricos ou imagens.

Os tensores também suportam indexação e fatiamento para acessar subconjuntos de dados. Essa funcionalidade é crucial ao lidar com grandes volumes de informações organizadas em lotes. Para acessar uma linha ou um elemento específico:

python

```
# Selecionando uma linha
row = tensor_constant[0]
print("Primeira linha:")
print(row)
```

```
# Selecionando um elemento
element = tensor_constant[0, 1]
print("Elemento na posição [0, 1]:", element)
```

Os tensores podem ser redimensionados para atender às necessidades de entrada de modelos. A função tf.reshape é usada para alterar a forma de um tensor sem modificar os dados subjacentes:

python

```
# Redimensionando o tensor
reshaped_tensor = tf.reshape(tensor_constant, [4, 1])
print("Tensor redimensionado:")
print(reshaped_tensor)
```

A flexibilidade no redimensionamento é especialmente útil em tarefas como processamento de imagens, onde os dados frequentemente precisam ser adaptados para diferentes camadas da rede neural.

Além das operações básicas, os tensores podem ser manipulados de forma avançada para realizar operações complexas. Operações de redução, como soma e média, são frequentemente usadas para calcular métricas ou ajustar os dados:

python

```
# Soma dos elementos
sum_elements = tf.reduce_sum(tensor_constant)
print("Soma de todos os elementos:", sum_elements)
```

```
# Média dos elementos
mean_elements = tf.reduce_mean(tensor_constant)
print("Média dos elementos:", mean_elements)
```

Tais operações tornam os tensores extremamente versáteis para representar e processar dados em aprendizado profundo.

O TensorFlow também suporta operações de transposição e inversão, que são úteis em muitos algoritmos de aprendizado profundo:

python

```
# Transposição do tensor
transposed_tensor = tf.transpose(tensor_constant)
print("Tensor transposto:")
print(transposed_tensor)

# Criando um tensor para inversão
tensor_for_inversion = tf.constant([[1.0, 2.0], [3.0, 4.0]])
inverted_tensor = tf.linalg.inv(tensor_for_inversion)
print("Tensor invertido:")
print(inverted_tensor)
```

A transposição reorganiza os eixos do tensor, enquanto a inversão é aplicada em tensores quadrados de ponto flutuante.

O uso de tensores em GPUs ou TPUs acelera significativamente as operações. Para transferir um tensor para a GPU, utilize:

python

```
# Transferindo o tensor para a GPU
tensor_on_gpu = tensor_constant.gpu()
print("Tensor alocado na GPU:", tensor_on_gpu)
```

O TensorFlow gerencia automaticamente a alocação de tensores em dispositivos disponíveis, garantindo eficiência no treinamento e inferência.

Os tensores são especialmente poderosos em aprendizado

profundo devido ao suporte ao cálculo automático de gradientes. A configuração de um tensor com a propriedade requires_grad permite calcular automaticamente os gradientes para otimizar os modelos. O cálculo de gradientes é essencial no processo de backpropagation, onde os pesos da rede neural são ajustados para minimizar a função de perda.

python

```
# Criando um tensor com gradientes habilitados
x = tf.Variable(3.0)

# Definindo uma função
with tf.GradientTape() as tape:
    y = x**2

# Calculando o gradiente
gradient = tape.gradient(y, x)
print("Gradiente:", gradient)
```

A flexibilidade do TensorFlow no cálculo automático de gradientes elimina a necessidade de implementar a diferenciação manualmente, simplificando o desenvolvimento de modelos complexos.

Os tensores também podem ser combinados para criar estruturas maiores, como imagens ou séries temporais. Operações de concatenação permitem unir dados ao longo de um eixo específico:

python

```
# Concatenando tensores
tensor_c = tf.constant([[1, 2]])
tensor_d = tf.constant([[3, 4]])
concatenated_tensor = tf.concat([tensor_c, tensor_d], axis=0)
print("Tensor concatenado:")
print(concatenated_tensor)
```

A concatenação é amplamente utilizada para pré-processamento de dados e criação de lotes durante o treinamento.

Outra transformação importante é o broadcast, que permite realizar operações entre tensores de formas diferentes ajustando automaticamente as dimensões menores:

python

```
# Broadcast entre tensores
tensor_small = tf.constant([1, 2, 3])
tensor_large = tf.constant([[1], [2], [3]])
broadcast_result = tensor_small + tensor_large
print("Resultado do broadcast:")
print(broadcast_result)
```

O broadcast simplifica operações entre tensores sem a necessidade de redimensionamento manual, aumentando a eficiência e a clareza do código.

Os tensores formam a base de todos os cálculos em aprendizado profundo e machine learning, permitindo manipular dados de maneira eficiente e escalável. A compreensão das operações básicas e avançadas com tensores é fundamental para desenvolver modelos que lidam com dados complexos, proporcionando insights e soluções inovadoras em diversas áreas.

CAPÍTULO 4: ESTRUTURAS DE DADOS NO TENSORFLOW

As estruturas de dados no TensorFlow são projetadas para oferecer eficiência e flexibilidade no aprendizado profundo. Os tensores, sendo a unidade básica de dados no TensorFlow, são otimizados para operações matemáticas e computação em hardware acelerado, como GPUs e TPUs. Ao trabalhar com TensorFlow, é essencial compreender as diferenças entre tensores e arrays NumPy, assim como as formas de manipular datasets e integrá-los a APIs externas.

Diferenças entre Tensors e Arrays NumPy

Os tensores do TensorFlow e os arrays do NumPy compartilham muitas semelhanças, como serem estruturas multidimensionais para armazenar dados e realizarem operações matemáticas elementares. No entanto, há diferenças fundamentais que os tornam adequados para diferentes cenários.

1. **Imutabilidade e Flexibilidade**
   Os tensores são imutáveis, o que significa que, após criados, seus valores não podem ser alterados. Essa característica os torna seguros para uso em operações paralelas, comuns em aprendizado profundo. Arrays NumPy, por outro lado, são mutáveis, permitindo que seus valores sejam alterados após a criação.
2. **Suporte a Computação Acelerada**
   Os tensores podem ser executados em CPUs, GPUs

ou TPUs, enquanto os arrays NumPy são limitados a CPUs. A capacidade de alocar tensores diretamente em dispositivos acelerados é um dos maiores benefícios do TensorFlow.

3. **Integração com Gradientes**
   Os tensores no TensorFlow possuem suporte integrado para cálculo automático de gradientes, usado no treinamento de modelos. Arrays NumPy não oferecem suporte nativo para essa funcionalidade.

4. **Eficiência e Escalabilidade**
   O TensorFlow é otimizado para operações de grande escala, manipulando lotes de dados de maneira eficiente. NumPy é mais adequado para tarefas menores ou operações que não demandam paralelismo ou execução distribuída.

A criação de um tensor e um array NumPy demonstra as similaridades e diferenças entre os dois:

python

```
import tensorflow as tf
import numpy as np

# Criando um tensor
tensor = tf.constant([[1.0, 2.0], [3.0, 4.0]])
print("Tensor:")
print(tensor)

# Criando um array NumPy
array = np.array([[1.0, 2.0], [3.0, 4.0]])
print("Array NumPy:")
print(array)
```

As operações básicas, como soma e multiplicação, podem ser realizadas tanto em tensores quanto em arrays. No entanto, o TensorFlow permite executar essas operações em GPUs ou TPUs:

python

```
# Soma de tensores
tensor_sum = tf.add(tensor, tensor)
print("Soma de tensores:")
print(tensor_sum)
```

```
# Soma de arrays NumPy
array_sum = np.add(array, array)
print("Soma de arrays NumPy:")
print(array_sum)
```

Para converter entre tensores e arrays, o TensorFlow fornece funções convenientes:

python

```
# Convertendo tensor para array NumPy
tensor_to_array = tensor.numpy()
print("Tensor para Array NumPy:")
print(tensor_to_array)
```

```
# Convertendo array NumPy para tensor
array_to_tensor = tf.convert_to_tensor(array)
print("Array NumPy para Tensor:")
print(array_to_tensor)
```

A interoperabilidade entre tensores e arrays é útil para integrar TensorFlow com bibliotecas científicas baseadas no NumPy.

Manipulação de Datasets

A manipulação de datasets é um componente crítico em aprendizado profundo. O módulo tf.data do TensorFlow oferece ferramentas para criar e manipular datasets de forma eficiente, permitindo carregar, transformar e organizar dados para treinamento e avaliação de modelos.

Os datasets no TensorFlow são representados como objetos tf.data.Dataset. Um dataset pode ser criado a partir de arrays, arquivos ou outras fontes de dados. Para criar um dataset a partir de listas ou arrays:

python

```
# Criando um dataset a partir de listas
data = [1, 2, 3, 4, 5]
dataset = tf.data.Dataset.from_tensor_slices(data)
print("Dataset criado a partir de listas:")
for element in dataset:
    print(element.numpy())
```

A leitura de arquivos CSV ou outros formatos é facilitada com tf.data.experimental.make_csv_dataset, que converte arquivos em datasets prontos para treinamento:

python

```
# Criando um dataset a partir de um arquivo CSV
csv_file = "data.csv" # Substitua pelo caminho do arquivo CSV
csv_dataset = tf.data.experimental.make_csv_dataset(
    csv_file,
    batch_size=2,
    num_epochs=1
)
print("Dataset criado a partir de CSV:")
for batch in csv_dataset:
    print(batch)
```

Os datasets podem ser transformados com operações como mapeamento, filtragem e agrupamento em lotes. A função map permite aplicar transformações em cada elemento do dataset:

python

```
# Aplicando transformação em cada elemento
transformed_dataset = dataset.map(lambda x: x * 2)
print("Dataset transformado:")
for element in transformed_dataset:
    print(element.numpy())
```

A divisão dos dados em lotes e o embaralhamento são essenciais para treinamento eficiente:

python

```
# Dividindo o dataset em lotes
batched_dataset = dataset.batch(2)
print("Dataset em lotes:")
for batch in batched_dataset:
    print(batch.numpy())

# Embaralhando o dataset
shuffled_dataset = dataset.shuffle(buffer_size=5)
print("Dataset embaralhado:")
for element in shuffled_dataset:
    print(element.numpy())
```

O tf.data é altamente escalável e pode ser usado para processar grandes volumes de dados, incluindo imagens e texto.

Integração com APIs Externas

O TensorFlow permite a integração com APIs externas para carregar e processar dados complexos, como imagens, vídeos ou texto. O módulo tf.keras.preprocessing fornece ferramentas para lidar com imagens e texto. Para imagens, a função image_dataset_from_directory carrega imagens de um diretório:

python

```
# Carregando imagens de um diretório
image_dataset = tf.keras.utils.image_dataset_from_directory(
    "path_to_images",
    batch_size=32,
    image_size=(224, 224)
)
print("Dataset de imagens:")
```

```
for images, labels in image_dataset.take(1):
    print(images.shape)
    print(labels)
```

O dataset gerado pode ser pré-processado com transformações como normalização ou augmentação:

python

```
# Normalizando imagens
normalized_dataset = image_dataset.map(lambda x, y: (x /
255.0, y))
print("Dataset de imagens normalizado:")
for images, labels in normalized_dataset.take(1):
    print(images[0])
```

Para texto, o TensorFlow suporta o tokenizador de texto Tokenizer para transformar texto em sequências de números:

python

```
# Tokenizando texto
texts = ["TensorFlow é poderoso", "Aprender TensorFlow é
essencial"]
tokenizer = tf.keras.preprocessing.text.Tokenizer()
tokenizer.fit_on_texts(texts)
sequences = tokenizer.texts_to_sequences(texts)
print("Texto tokenizado:")
print(sequences)
```

A manipulação de dados usando APIs externas permite integrar o TensorFlow com pipelines de dados complexos e personalizáveis.

O domínio das estruturas de dados no TensorFlow e a integração com APIs externas são fundamentais para criar pipelines robustos e eficientes, desde a ingestão de dados até sua transformação e carregamento para treinamento. Essas ferramentas otimizam o fluxo de trabalho e permitem trabalhar com diferentes tipos de dados em escala.

CAPÍTULO 5: INTRODUÇÃO AO KERAS

A API Keras é uma interface de alto nível que simplifica a criação, treinamento e avaliação de modelos de aprendizado profundo. Totalmente integrada ao TensorFlow, ela combina facilidade de uso com desempenho, permitindo que desenvolvedores implementem redes neurais complexas de maneira intuitiva e eficiente. Projetada para ser modular e extensível, a Keras fornece abstrações que tornam o aprendizado profundo acessível tanto para iniciantes quanto para profissionais experientes.

Visão geral da API Keras

Keras foi criada com o objetivo de acelerar a prototipagem de redes neurais, sem sacrificar o controle sobre os detalhes do modelo. Essa filosofia é implementada por meio de várias vantagens:

1. **Fácil de usar**
   A Keras utiliza uma sintaxe clara e concisa, tornando o desenvolvimento de modelos mais rápido e legível.
2. **Modularidade**
   Os componentes principais, como camadas, otimizadores e funções de perda, podem ser combinados de maneira flexível para criar modelos personalizados.
3. **Integração com TensorFlow**

Desde sua integração ao TensorFlow, a Keras se beneficia de toda a infraestrutura da biblioteca, incluindo execução em hardware acelerado e ferramentas como TensorBoard.

4. **Suporte a múltiplos paradigmas**

A Keras suporta dois estilos principais de construção de modelos: sequencial, ideal para arquiteturas simples, e funcional, que permite criar modelos complexos com ramificações ou múltiplas entradas e saídas.

Criando um modelo sequencial

O modelo sequencial é a maneira mais simples de construir uma rede neural com a Keras. Ele organiza as camadas de maneira linear, onde a saída de uma camada é usada como entrada da próxima. Essa abordagem é adequada para redes neurais feedforward, amplamente utilizadas em classificação e regressão.

Para criar um modelo sequencial, importe a API Sequential e adicione camadas utilizando a classe Dense:

python

```python
import tensorflow as tf
from tensorflow.keras import Sequential
from tensorflow.keras.layers import Dense

# Criando um modelo sequencial
model = Sequential([
    Dense(units=64, activation='relu', input_shape=(10,)),
    Dense(units=32, activation='relu'),
    Dense(units=1, activation='sigmoid')
])

# Resumo do modelo
model.summary()
```

A primeira camada especifica o número de unidades (neurônios), a função de ativação (relu) e a dimensão da entrada. Camadas subsequentes herdam automaticamente o formato da saída anterior.

Compilando e treinando um modelo sequencial

Antes do treinamento, o modelo precisa ser compilado. A compilação define o otimizador, a função de perda e as métricas de avaliação:

python

```python
# Compilando o modelo
model.compile(
    optimizer='adam',
    loss='binary_crossentropy',
    metrics=['accuracy']
)
```

O otimizador adam é amplamente utilizado devido à sua eficiência em ajustar pesos. A função de perda binary_crossentropy é adequada para problemas binários de classificação.

Para treinar o modelo, utilize a função fit, fornecendo os dados de entrada, as etiquetas correspondentes e o número de épocas:

python

```python
# Dados fictícios
import numpy as np
X_train = np.random.random((1000, 10))
y_train = np.random.randint(0, 2, size=(1000,))

# Treinando o modelo
model.fit(X_train, y_train, epochs=10, batch_size=32)
```

Após o treinamento, o modelo pode ser avaliado com a função

evaluate e utilizado para fazer previsões com predict:

python

```
# Avaliação do modelo
X_test = np.random.random((200, 10))
y_test = np.random.randint(0, 2, size=(200,))
loss, accuracy = model.evaluate(X_test, y_test)

print(f"Perda: {loss}, Acurácia: {accuracy}")

# Fazendo previsões
predictions = model.predict(X_test[:5])
print("Previsões:")
print(predictions)
```

Criando um modelo funcional

A API funcional da Keras oferece maior flexibilidade, permitindo a criação de arquiteturas complexas. Em vez de construir o modelo como uma sequência linear de camadas, cada camada é tratada como um objeto independente, permitindo conexões personalizadas.

Para criar um modelo funcional, inicie com um tensor de entrada e encadeie operações para definir as conexões entre as camadas:

python

```
from tensorflow.keras import Model
from tensorflow.keras.layers import Input, Dense

# Definindo o tensor de entrada
inputs = Input(shape=(10,))

# Conectando camadas
x = Dense(64, activation='relu')(inputs)
x = Dense(32, activation='relu')(x)
outputs = Dense(1, activation='sigmoid')(x)
```

```python
# Criando o modelo funcional
model = Model(inputs=inputs, outputs=outputs)
```

```python
# Resumo do modelo
model.summary()
```

Esse estilo é ideal para arquiteturas que exigem bifurcações, múltiplas entradas ou saídas. Um exemplo de modelo com múltiplas saídas:

python

```python
# Modelo com múltiplas saídas
x1 = Dense(64, activation='relu')(inputs)
x2 = Dense(32, activation='relu')(x1)
output1 = Dense(1, activation='sigmoid')(x1)
output2 = Dense(1, activation='linear')(x2)
```

```python
model = Model(inputs=inputs, outputs=[output1, output2])
model.summary()
```

Para treinar modelos com várias saídas, use um dicionário para especificar funções de perda e pesos:

python

```python
# Compilação do modelo com múltiplas saídas
model.compile(
    optimizer='adam',
    loss={'dense_1': 'binary_crossentropy', 'dense_2': 'mse'},
    loss_weights={'dense_1': 0.5, 'dense_2': 0.5}
)
```

```python
# Treinamento com múltiplas saídas
y_train_1 = np.random.randint(0, 2, size=(1000,))
y_train_2 = np.random.random(size=(1000,))
model.fit(X_train, {'dense_1': y_train_1, 'dense_2': y_train_2},
epochs=10)
```

Customização e extensibilidade

A Keras permite criar camadas personalizadas para atender a requisitos específicos. Subclasse a classe Layer para definir novas operações:

python

```python
from tensorflow.keras.layers import Layer

# Definindo uma camada personalizada
class CustomLayer(Layer):
    def __init__(self, units, activation=None):
        super(CustomLayer, self).__init__()
        self.units = units
        self.activation = tf.keras.activations.get(activation)

    def build(self, input_shape):
        self.kernel = self.add_weight(
            shape=(input_shape[-1], self.units),
            initializer='random_normal',
            trainable=True
        )

    def call(self, inputs):
        return self.activation(tf.matmul(inputs, self.kernel))

# Usando a camada personalizada
inputs = Input(shape=(10,))
x = CustomLayer(32, activation='relu')(inputs)
outputs = Dense(1, activation='sigmoid')(x)
model = Model(inputs=inputs, outputs=outputs)
model.summary()
```

Camadas personalizadas ampliam o potencial de criação de modelos inovadores e ajustados a casos de uso específicos.

Integração com callbacks

Os callbacks da Keras permitem personalizar o comportamento do treinamento, como salvar checkpoints, ajustar a taxa de aprendizado ou parar o treinamento antecipadamente. Adicione callbacks com o parâmetro callbacks na função fit:

python

```
from tensorflow.keras.callbacks import EarlyStopping,
ModelCheckpoint

# Definindo callbacks
early_stopping = EarlyStopping(monitor='val_loss', patience=5)
checkpoint = ModelCheckpoint('best_model.h5',
save_best_only=True)

# Treinamento com callbacks
model.fit(
    X_train,
    y_train,
    epochs=50,
    batch_size=32,
    validation_split=0.2,
    callbacks=[early_stopping, checkpoint]
)
```

Os callbacks otimizam o processo de treinamento e ajudam a prevenir overfitting.

Keras e a simplicidade no aprendizado profundo

A API Keras, com sua abordagem intuitiva e poderosa, torna o aprendizado profundo acessível a todos. Seus modelos sequenciais e funcionais cobrem uma ampla gama de casos de uso, desde problemas simples até arquiteturas avançadas. A capacidade de personalização e integração com TensorFlow garante que desenvolvedores possam criar soluções robustas e escaláveis, adaptando-se às demandas de projetos reais.

CAPÍTULO 6: TREINAMENTO DE MODELOS

O treinamento de modelos de aprendizado profundo é um processo estruturado que envolve três etapas principais: o forward pass, o cálculo do erro e a atualização dos pesos. Este ciclo iterativo é conhecido como backpropagation e é o alicerce para ajustar os parâmetros do modelo para alcançar o melhor desempenho. Para maximizar a eficiência no treinamento, é fundamental compreender os conceitos subjacentes, como a configuração de hiperparâmetros e o papel das funções de perda e otimizadores.

Forward Pass e Cálculo do Erro

O forward pass é a etapa inicial no treinamento de um modelo. Nessa fase, os dados de entrada passam pelas camadas da rede neural, gerando uma saída predita. Durante essa operação, cada camada realiza transformações matemáticas nos dados com base nos pesos atuais e funções de ativação.

Um modelo simples de classificação binária demonstra como ocorre o forward pass:

python

```python
import tensorflow as tf
from tensorflow.keras import Sequential
from tensorflow.keras.layers import Dense

# Definindo o modelo
model = Sequential([
```

```
    Dense(units=16, activation='relu', input_shape=(8,)),
    Dense(units=8, activation='relu'),
    Dense(units=1, activation='sigmoid')
])

# Resumo do modelo
model.summary()

# Dados fictícios
X = tf.random.normal((5, 8))

# Forward pass: gerando predições
predictions = model(X)
print("Predições:")
print(predictions)
```

Após o forward pass, o modelo calcula o erro comparando a saída predita com os valores reais. Esse erro, ou perda, é uma métrica fundamental que direciona o ajuste dos pesos da rede.

python

```
# Valores reais
y_true = tf.constant([[0], [1], [0], [1], [0]], dtype=tf.float32)

# Função de perda binária
loss_fn = tf.keras.losses.BinaryCrossentropy()
loss = loss_fn(y_true, predictions)
print("Perda calculada:", loss.numpy())
```

Backpropagation e Atualização de Pesos

O backpropagation utiliza o erro calculado para ajustar os pesos da rede neural. Essa etapa é baseada na regra da cadeia da derivada, permitindo que o erro se propague do final da rede para as camadas anteriores. Durante o backpropagation, o TensorFlow calcula automaticamente os gradientes dos pesos em relação à função de perda.

python

```python
# Criando uma fita de gradiente
with tf.GradientTape() as tape:
    predictions = model(X)
    loss = loss_fn(y_true, predictions)

# Calculando gradientes
gradients = tape.gradient(loss, model.trainable_variables)
print("Gradientes:")
for grad in gradients:
    print(grad.numpy())
```

Os gradientes calculados são usados para atualizar os pesos da rede neural. O otimizador, como o Adam, aplica essas atualizações de maneira eficiente, ajustando os pesos para reduzir a perda.

python

```python
# Definindo o otimizador
optimizer = tf.keras.optimizers.Adam()

# Aplicando gradientes
optimizer.apply_gradients(zip(gradients,
model.trainable_variables))
```

Essa combinação de cálculo de gradientes e aplicação de atualizações constitui o ciclo básico de treinamento.

Configuração de Hiperparâmetros para Melhor Desempenho

Os hiperparâmetros controlam o comportamento do modelo durante o treinamento e têm impacto significativo na eficiência e precisão do aprendizado. Ajustar esses parâmetros é essencial para alcançar o desempenho ideal.

1. Taxa de Aprendizado

A taxa de aprendizado define o tamanho dos passos dados pelo otimizador ao ajustar os pesos. Taxas muito altas podem causar instabilidade, enquanto taxas muito baixas podem resultar em treinamento lento.

python

```
# Configurando um otimizador com taxa de aprendizado
personalizada
optimizer = tf.keras.optimizers.Adam(learning_rate=0.001)
```

2. Tamanho do Lote

O tamanho do lote determina quantos exemplos de dados são processados antes da atualização dos pesos. Tamanhos menores podem acelerar o treinamento inicial, mas tamanhos maiores tendem a convergir para soluções mais estáveis.

python

```
# Ajustando o tamanho do lote no treinamento
model.fit(X, y_true, batch_size=16, epochs=10)
```

3. Número de Épocas

O número de épocas define quantas vezes o modelo percorre todo o conjunto de dados durante o treinamento. Definir um número adequado de épocas ajuda a evitar underfitting ou overfitting.

python

```
# Treinando o modelo com número personalizado de épocas
model.fit(X, y_true, epochs=20)
```

4. Regularização

Técnicas como Dropout ou penalidades L2 ajudam

a evitar overfitting, reduzindo a complexidade do modelo.

python

```
from tensorflow.keras.layers import Dropout

# Adicionando uma camada Dropout
model = Sequential([
    Dense(units=16, activation='relu', input_shape=(8,)),
    Dropout(rate=0.5),
    Dense(units=1, activation='sigmoid')
])
```

5. **Função de Perda**
   Escolher a função de perda adequada é crucial. Problemas de regressão podem usar erros quadráticos médios, enquanto tarefas de classificação binária ou multiclasse requerem entropia cruzada.

python

```
# Configurando funções de perda para diferentes tarefas
loss_fn_regression = tf.keras.losses.MeanSquaredError()
loss_fn_classification =
tf.keras.losses.CategoricalCrossentropy()
```

Ciclo Completo de Treinamento

Integrar todas essas etapas resulta no ciclo completo de treinamento de um modelo. A API fit do TensorFlow abstrai muitas dessas operações, mas é possível personalizar o ciclo para atender a requisitos específicos.

python

```
# Dados simulados
X_train = tf.random.normal((1000, 8))
```

```
y_train = tf.random.uniform((1000, 1), minval=0, maxval=2,
dtype=tf.int32)

# Compilando o modelo
model.compile(
    optimizer='adam',
    loss='binary_crossentropy',
    metrics=['accuracy']
)

# Treinamento
history = model.fit(X_train, y_train, batch_size=32, epochs=10)

# Avaliação
X_test = tf.random.normal((200, 8))
y_test = tf.random.uniform((200, 1), minval=0, maxval=2,
dtype=tf.int32)
loss, accuracy = model.evaluate(X_test, y_test)
print(f"Perda: {loss}, Acurácia: {accuracy}")
```

O histórico do treinamento pode ser usado para visualizar métricas e ajustar hiperparâmetros para melhoria contínua.

Ajuste Fino e Treinamento Avançado

Após o treinamento inicial, técnicas como ajuste fino de hiperparâmetros ou aprendizado por transferência podem ser aplicadas para melhorar o desempenho do modelo. O ajuste fino envolve explorar combinações de parâmetros, enquanto o aprendizado por transferência utiliza modelos pré-treinados para acelerar o treinamento.

python

```
from tensorflow.keras.applications import MobileNetV2

# Carregando um modelo pré-treinado
base_model = MobileNetV2(input_shape=(128, 128, 3),
include_top=False, weights='imagenet')

# Congelando os pesos do modelo base
base_model.trainable = False
```

```
# Adicionando camadas personalizadas
inputs = tf.keras.Input(shape=(128, 128, 3))
x = base_model(inputs, training=False)
x = tf.keras.layers.GlobalAveragePooling2D()(x)
outputs = tf.keras.layers.Dense(1, activation='sigmoid')(x)

model = tf.keras.Model(inputs, outputs)

# Compilando e treinando o modelo
model.compile(optimizer='adam', loss='binary_crossentropy',
metrics=['accuracy'])
model.fit(X_train, y_train, epochs=5)
```

O ajuste contínuo dos pesos permite que o modelo alcance melhor generalização, mesmo em conjuntos de dados específicos.

Treinar modelos envolve entender profundamente o ciclo de aprendizado e ajustar continuamente os hiperparâmetros para alcançar o desempenho ideal. Combinando ferramentas automatizadas do TensorFlow e personalizações avançadas, é possível criar modelos que atendam a uma ampla variedade de desafios em aprendizado profundo.

CAPÍTULO 7: FUNÇÕES DE ATIVAÇÃO

As funções de ativação são componentes essenciais em redes neurais, responsáveis por introduzir não-linearidade aos modelos. Elas determinam como os neurônios processam os sinais de entrada e, consequentemente, como as redes aprendem padrões complexos a partir dos dados. Este capítulo explora as funções de ativação mais utilizadas, como ReLU, Sigmoid, Tanh e Softmax, analisando suas características, aplicações práticas e a escolha adequada para diferentes problemas.

O Papel das Funções de Ativação

As funções de ativação transformam as somas ponderadas das entradas de um neurônio em uma saída que pode ser usada em camadas subsequentes. Sem essas funções, as redes neurais seriam equivalentes a uma combinação linear simples, incapazes de modelar dados complexos. Ao introduzir não-linearidade, as funções de ativação permitem que as redes aprendam padrões como bordas em imagens, contextos em texto e tendências em séries temporais.

Análise das Principais Funções de Ativação

ReLU (Rectified Linear Unit)

ReLU é uma das funções de ativação mais populares e amplamente utilizadas devido à sua simplicidade e eficiência computacional. Ela retorna zero para valores negativos e o próprio valor para valores positivos.

python

```
import tensorflow as tf
# Aplicando ReLU em tensores
inputs = tf.constant([-2.0, -1.0, 0.0, 1.0, 2.0])
outputs = tf.nn.relu(inputs)
print(outputs.numpy())
```

Características:

- Simplicidade: Fácil de implementar e eficiente em termos computacionais.
- Efeito de esparsidade: Muitos neurônios permanecem inativos (saída zero) para entradas negativas, o que reduz o custo computacional.
- Problema do gradiente morto: Neurônios podem "morrer" quando recebem gradientes zerados repetidamente.

Aplicações:
ReLU é amplamente utilizada em redes convolucionais (CNNs) para tarefas como classificação de imagens e detecção de objetos, devido ao seu desempenho consistente e capacidade de escalar bem com dados grandes.

Sigmoid

A função Sigmoid é uma curva em forma de S que mapeia valores de entrada para o intervalo entre 0 e 1. É frequentemente usada para tarefas de classificação binária.

python

```
# Aplicando Sigmoid em tensores
outputs = tf.nn.sigmoid(inputs)
```

```python
print(outputs.numpy())
```

Características:

- Produz valores suaves e limitados, úteis para interpretar como probabilidades.
- Propensão ao desaparecimento do gradiente: Para valores extremos de entrada, os gradientes tornam-se muito pequenos, dificultando o aprendizado.

Aplicações:

Sigmoid é comumente usada na camada de saída de redes para classificação binária, como detecção de fraudes ou análise de sentimentos.

Tanh (Tangente Hiperbólica)

A função Tanh é semelhante à Sigmoid, mas mapeia valores para o intervalo entre -1 e 1. Isso faz com que as saídas sejam centralizadas em torno de zero.

python

```python
# Aplicando Tanh em tensores
outputs = tf.nn.tanh(inputs)
print(outputs.numpy())
```

Características:

- Melhor centralização: Comparada à Sigmoid, produz gradientes maiores para valores próximos de zero, tornando-a mais eficiente no aprendizado inicial.

- Também sofre com o problema do desaparecimento do gradiente em valores extremos.

Aplicações:
Tanh é usada em tarefas que exigem saídas centralizadas, como redes recorrentes (RNNs) e processamento de séries temporais.

Softmax

Softmax é uma função de ativação utilizada para tarefas de classificação multiclasse, convertendo as saídas em probabilidades que somam 1.

python

```
# Aplicando Softmax em tensores
logits = tf.constant([1.0, 2.0, 3.0])
outputs = tf.nn.softmax(logits)
print(outputs.numpy())
```

Características:

- Produz distribuições de probabilidade, facilitando a interpretação dos resultados.
- Sensível a valores extremos: Entradas muito grandes podem levar a resultados dominados por uma única classe.

Aplicações:
Softmax é amplamente usada na camada de saída de redes projetadas para tarefas de classificação multiclasse, como categorização de imagens ou análise de texto.

Escolha de Funções de Ativação para Diferentes Problemas

A escolha da função de ativação adequada depende do tipo de tarefa, da arquitetura da rede e das características dos dados. Abaixo estão algumas diretrizes gerais para selecionar a função de ativação correta:

1. **Redes Convolucionais (CNNs)**
   ReLU é a escolha padrão para CNNs devido à sua eficiência e desempenho em tarefas de visão computacional.
2. **Redes Recorrentes (RNNs)**
   Tanh é frequentemente usada em redes recorrentes, como LSTMs e GRUs, para processar séries temporais e sequências.
3. **Classificação Binária**
   Sigmoid é ideal para saídas de classificação binária, pois mapeia valores para o intervalo [0, 1], interpretável como probabilidade.
4. **Classificação Multiclasse**
   Softmax é usada em problemas de classificação multiclasse para converter saídas em probabilidades normalizadas.
5. **Redes Profundas**
   Funções mais avançadas, como Leaky ReLU e Parametric ReLU (PReLU), podem ser consideradas para redes muito profundas, onde o gradiente morto é uma preocupação.

Personalizando Funções de Ativação

Além das funções padrão, é possível criar funções de ativação personalizadas para necessidades específicas. O TensorFlow facilita a implementação de funções personalizadas:

python

```
# Criando uma função de ativação personalizada
def custom_activation(x):
    return tf.maximum(0.1 * x, x)  # Leaky ReLU

# Usando a função no modelo
from tensorflow.keras.layers import Dense

layer = Dense(128, activation=custom_activation)
```

Funções personalizadas são úteis para adaptar modelos a problemas específicos, otimizando o desempenho.

Impacto das Funções de Ativação na Convergência

A escolha da função de ativação impacta diretamente a convergência do modelo, ou seja, sua capacidade de minimizar a função de perda durante o treinamento. Algumas considerações importantes incluem:

- **Velocidade de Convergência**: Funções como ReLU tendem a acelerar o treinamento devido à simplicidade de seus cálculos.
- **Estabilidade do Gradiente**: Funções como Tanh e Sigmoid podem introduzir instabilidades em redes profundas devido ao desaparecimento do gradiente.

Compreender as funções de ativação e suas aplicações é essencial para projetar redes neurais eficazes. Cada função possui vantagens e limitações específicas, e a escolha adequada depende do problema em questão. Experimentar diferentes funções de ativação em projetos práticos é uma maneira eficaz de descobrir como cada uma se comporta em cenários reais, aprimorando sua capacidade de resolver problemas complexos com aprendizado profundo.

CAPÍTULO 8: REGULARIZAÇÃO DE MODELOS

A regularização é um conjunto de técnicas fundamentais no aprendizado profundo que ajuda a reduzir o overfitting e a melhorar a generalização dos modelos. O overfitting ocorre quando o modelo aprende padrões específicos do conjunto de treinamento, incluindo ruídos, mas não generaliza bem para novos dados. As técnicas de regularização, como Dropout, penalidades L1 e L2, atuam limitando a complexidade do modelo, incentivando-o a aprender padrões mais robustos.

Conceito de Regularização

A regularização funciona adicionando restrições ou modificações no treinamento do modelo, de forma que ele se concentre nos aspectos essenciais dos dados e ignore padrões irrelevantes. Essas técnicas podem ser implementadas diretamente na arquitetura da rede, nas funções de perda ou como processos adicionais durante o treinamento.

Dropout

O Dropout é uma das técnicas mais populares de regularização. Ele funciona desativando aleatoriamente uma porcentagem de neurônios durante o treinamento, forçando o modelo a não depender de combinações específicas de ativações. Essa abordagem cria redes "menores" em cada iteração, promovendo maior robustez.

A implementação do Dropout no TensorFlow é direta, utilizando a camada Dropout. Abaixo está um exemplo de um modelo que incorpora Dropout:

python

```python
import tensorflow as tf
from tensorflow.keras import Sequential
from tensorflow.keras.layers import Dense, Dropout

# Criando o modelo com Dropout
model = Sequential([
    Dense(units=128, activation='relu', input_shape=(100,)),
    Dropout(rate=0.5), # 50% dos neurônios serão desativados
durante o treinamento
    Dense(units=64, activation='relu'),
    Dropout(rate=0.3), # 30% dos neurônios serão desativados
    Dense(units=10, activation='softmax')
])

# Resumo do modelo
model.summary()
```

Durante o treinamento, o Dropout é ativado automaticamente, mas é desativado na fase de inferência, garantindo que todas as ativações estejam disponíveis.

python

```python
# Compilando o modelo
model.compile(
    optimizer='adam',
    loss='sparse_categorical_crossentropy',
    metrics=['accuracy']
)

# Gerando dados fictícios
import numpy as np
X_train = np.random.random((1000, 100))
```

```
y_train = np.random.randint(0, 10, size=(1000,))
# Treinando o modelo
model.fit(X_train, y_train, epochs=10, batch_size=32)
```

O Dropout é altamente eficaz em problemas onde o overfitting é evidente, como redes profundas e datasets pequenos.

Penalidades L1 e L2

As penalidades L1 e L2 adicionam termos de regularização diretamente à função de perda do modelo. Esses termos penalizam pesos excessivamente grandes, reduzindo a complexidade do modelo.

- **L1 (Regularização Lasso):** Incentiva a esparsidade dos pesos, ou seja, define muitos pesos como zero. Isso pode ser útil quando algumas entradas são irrelevantes.
- **L2 (Regularização Ridge):** Penaliza pesos grandes, mas não os força a zero. Isso ajuda a reduzir a sensibilidade do modelo a entradas específicas.

O TensorFlow permite aplicar essas regularizações utilizando a classe regularizers. Abaixo está a definição de um modelo com regularização L1 e L2:

python

```
from tensorflow.keras.regularizers import l1, l2

# Modelo com regularização L1 e L2
model = Sequential([
    Dense(units=128, activation='relu',
kernel_regularizer=l1(0.01), input_shape=(100,)),
    Dense(units=64, activation='relu',
kernel_regularizer=l2(0.01)),
```

```
    Dense(units=10, activation='softmax')
])
# Compilando o modelo
model.compile(
    optimizer='adam',
    loss='sparse_categorical_crossentropy',
    metrics=['accuracy']
)
# Resumo do modelo
model.summary()
```

No exemplo acima, os hiperparâmetros $l1$ e $l2$ controlam a intensidade da regularização. Valores mais altos aumentam a penalidade, forçando pesos menores.

python

```
# Treinando o modelo
model.fit(X_train, y_train, epochs=10, batch_size=32)
```

A regularização L2 é amplamente utilizada como padrão em muitas implementações, devido à sua estabilidade e eficiência. L1, por outro lado, é útil em situações onde é necessário um modelo mais esparso.

Combinação de Técnicas de Regularização

É comum combinar várias técnicas de regularização para maximizar a generalização do modelo. Um exemplo de modelo que utiliza Dropout e regularização L2:

python

```
model = Sequential([
    Dense(units=128, activation='relu',
kernel_regularizer=l2(0.01), input_shape=(100,)),
    Dropout(rate=0.4),
    Dense(units=64, activation='relu',
```

```
kernel_regularizer=l2(0.01)),
    Dropout(rate=0.2),
    Dense(units=10, activation='softmax')
])

model.compile(
    optimizer='adam',
    loss='sparse_categorical_crossentropy',
    metrics=['accuracy']
)

# Treinando o modelo
model.fit(X_train, y_train, epochs=10, batch_size=32)
```

A combinação de Dropout e penalidades ajuda a criar modelos mais robustos, especialmente em problemas complexos.

Regularização com Dados Aumentados

Outra abordagem eficaz para reduzir o overfitting é a augmentação de dados, que aumenta artificialmente o tamanho do dataset. Em visão computacional, a augmentação pode incluir operações como rotação, translação e inversão de imagens.

No TensorFlow, a augmentação pode ser aplicada usando camadas específicas, como RandomFlip e RandomRotation:

python

```
from tensorflow.keras.layers import RandomFlip,
RandomRotation

# Criando um pipeline de augmentação
data_augmentation = Sequential([
    RandomFlip("horizontal"),
    RandomRotation(0.1)
])

# Aplicando a augmentação em um modelo
```

```
model = Sequential([
    data_augmentation,
    Dense(units=128, activation='relu',
kernel_regularizer=l2(0.01)),
    Dense(units=64, activation='relu',
kernel_regularizer=l2(0.01)),
    Dense(units=10, activation='softmax')
])

model.compile(
    optimizer='adam',
    loss='sparse_categorical_crossentropy',
    metrics=['accuracy']
)
```

A augmentação de dados é particularmente eficaz em conjuntos de dados pequenos, onde o modelo pode aprender padrões indesejados.

Monitoramento do Overfitting

Para avaliar a eficácia das técnicas de regularização, é essencial monitorar o desempenho do modelo em dados de treinamento e validação. Uma grande diferença entre as métricas de treinamento e validação pode indicar overfitting.

python

```
history = model.fit(X_train, y_train, validation_split=0.2,
epochs=20, batch_size=32)

# Plotando o desempenho
import matplotlib.pyplot as plt

plt.plot(history.history['accuracy'], label='Treinamento')
plt.plot(history.history['val_accuracy'], label='Validação')
plt.xlabel('Épocas')
plt.ylabel('Acurácia')
plt.legend()
```

plt.show()

Regularização ajuda a minimizar essa discrepância, melhorando a capacidade do modelo de generalizar para novos dados.

As técnicas de regularização são indispensáveis para o desenvolvimento de redes neurais robustas e generalizáveis. Métodos como Dropout, L1 e L2 reduzem o risco de overfitting, enquanto abordagens complementares, como augmentação de dados, aumentam a diversidade do conjunto de treinamento. Combinando essas estratégias, é possível criar modelos que equilibram complexidade e precisão, entregando resultados confiáveis em diferentes cenários.

CAPÍTULO 9: DATASETS E PIPELINES COM TF.DATA

A manipulação eficiente de dados é essencial no aprendizado profundo, especialmente ao trabalhar com grandes volumes de informações. O módulo tf.data do TensorFlow oferece ferramentas para criar e gerenciar pipelines de dados robustos e escaláveis. Com ele, é possível carregar, processar, transformar e alimentar modelos de maneira eficiente. A criação de pipelines bem estruturados melhora o desempenho e a generalização, garantindo que os dados sejam utilizados de forma ideal durante o treinamento.

Criação de Datasets com tf.data

O tf.data.Dataset é a principal classe para trabalhar com dados no TensorFlow. Ele permite criar datasets a partir de diferentes fontes, como listas, arrays, arquivos CSV ou imagens. Para criar um dataset a partir de tensores ou arrays:

python

```python
import tensorflow as tf

# Criando um dataset a partir de listas
data = [1, 2, 3, 4, 5]
dataset = tf.data.Dataset.from_tensor_slices(data)

# Iterando sobre o dataset
for element in dataset:
    print(element.numpy())
```

O método from_tensor_slices divide os dados em elementos individuais, permitindo processamento em lotes posteriormente.

Ao trabalhar com dados tabulares, o tf.data.experimental.make_csv_dataset simplifica a leitura e transformação de arquivos CSV:

python

```
# Criando um dataset a partir de um arquivo CSV
csv_file = "data.csv" # Substitua pelo caminho do arquivo CSV
csv_dataset = tf.data.experimental.make_csv_dataset(
    csv_file,
    batch_size=32,
    num_epochs=1,
    shuffle=True
)

# Exibindo lotes do dataset
for batch in csv_dataset:
    print(batch)
```

Esse método lê arquivos CSV e organiza os dados em lotes prontos para o treinamento.

Manipulação e Transformação de Datasets

O tf.data oferece operações para transformar datasets de forma flexível. Uma das operações mais comuns é o mapeamento, que aplica uma função a cada elemento do dataset:

python

```
# Transformando elementos do dataset
def transform_fn(x):
    return x * 2

transformed_dataset = dataset.map(transform_fn)

# Exibindo o dataset transformado
```

```
for element in transformed_dataset:
    print(element.numpy())
```

O mapeamento é especialmente útil para normalizar, padronizar ou ajustar os dados antes do treinamento.

Outra operação fundamental é o agrupamento de elementos em lotes. Isso permite que o modelo processe múltiplos exemplos de uma só vez:

python

```
# Dividindo o dataset em lotes
batched_dataset = dataset.batch(2)
```

```
# Iterando pelos lotes
for batch in batched_dataset:
    print(batch.numpy())
```

O embaralhamento dos dados também é essencial para evitar que padrões indesejados no dataset influenciem o aprendizado:

python

```
# Embaralhando os dados
shuffled_dataset = dataset.shuffle(buffer_size=5)
```

```
# Exibindo o dataset embaralhado
for element in shuffled_dataset:
    print(element.numpy())
```

Técnicas de Augmentação de Dados

A augmentação de dados é uma técnica eficaz para aumentar artificialmente o tamanho do dataset, introduzindo variações nos dados originais. Em visão computacional, ela é usada para criar imagens modificadas por rotação, inversão, alteração de brilho ou corte. O TensorFlow oferece camadas dedicadas para augmentação:

python

```
from tensorflow.keras.layers import RandomFlip,
RandomRotation

# Criando um pipeline de augmentação
data_augmentation = tf.keras.Sequential([
    RandomFlip("horizontal"),
    RandomRotation(0.1)
])

# Aplicando augmentação em um lote de imagens
images = tf.random.normal([4, 128, 128, 3]) # 4 imagens de
128x128 com 3 canais
augmented_images = data_augmentation(images)

# Exibindo as dimensões do lote processado
print(augmented_images.shape)
```

Essas transformações são aplicadas dinamicamente durante o treinamento, garantindo maior diversidade sem necessidade de alterar os dados originais.

Pré-processamento de Dados com tf.data

O pré-processamento é essencial para preparar os dados antes do treinamento. Isso inclui normalização, codificação de categorias, e conversão de dados em formatos compatíveis com o modelo.

A normalização padroniza os dados para um intervalo específico, como 0 a 1:

python

```
# Normalizando valores entre 0 e 1
def normalize_fn(x):
    return x / 255.0

normalized_dataset = dataset.map(normalize_fn)

for element in normalized_dataset:
```

```
print(element.numpy())
```

A codificação de categorias converte valores categóricos em representações numéricas ou one-hot encoding:

python

```
# Codificando categorias com one-hot encoding
def one_hot_fn(x):
    return tf.one_hot(x, depth=5)

one_hot_dataset = dataset.map(one_hot_fn)

for element in one_hot_dataset:
    print(element.numpy())
```

A padronização é outra técnica comum, especialmente ao lidar com entradas numéricas contínuas:

python

```
# Padronizando os valores
def standardize_fn(x):
    mean, std = tf.reduce_mean(x), tf.math.reduce_std(x)
    return (x - mean) / std

standardized_dataset = dataset.map(standardize_fn)

for element in standardized_dataset:
    print(element.numpy())
```

Integração com Modelos

Os datasets criados e processados com tf.data podem ser diretamente integrados ao treinamento de modelos no TensorFlow. O método fit aceita objetos Dataset como entrada:

python

```
from tensorflow.keras import Sequential
from tensorflow.keras.layers import Dense
```

```
# Criando um modelo simples
model = Sequential([
    Dense(units=64, activation='relu', input_shape=(1,)),
    Dense(units=1, activation='linear')
])
```

```
# Compilando o modelo
model.compile(optimizer='adam', loss='mse')
```

```
# Treinando o modelo com um dataset
model.fit(dataset.batch(32), epochs=10)
```

Ao integrar pipelines de dados com tf.data, os dados são carregados e processados de maneira eficiente durante o treinamento.

Pipelines Avançados com prefetch e cache

Para melhorar o desempenho, tf.data permite a execução de operações de pré-carregamento e cache de dados. O método prefetch realiza operações em paralelo com o treinamento, minimizando gargalos:

python

```
# Adicionando prefetch ao pipeline
optimized_dataset =
dataset.batch(32).prefetch(buffer_size=tf.data.experimental.AU
TOTUNE)
```

```
# Treinando o modelo com o dataset otimizado
model.fit(optimized_dataset, epochs=10)
```

O método cache armazena os dados processados na memória ou em disco, acelerando iterações subsequentes:

python

```
# Cacheando o dataset
cached_dataset = dataset.batch(32).cache()
```

```
# Treinando o modelo
model.fit(cached_dataset, epochs=10)
```

O uso de tf.data para manipulação e criação de pipelines de dados transforma a maneira como os dados são preparados para o treinamento de modelos de aprendizado profundo. A combinação de eficiência, flexibilidade e suporte a técnicas avançadas, como augmentação e pré-processamento, permite que os desenvolvedores criem soluções robustas e escaláveis para lidar com grandes volumes de dados em diversos formatos. Essa abordagem garante que os dados sejam processados e utilizados de maneira otimizada, melhorando o desempenho geral dos modelos.

CAPÍTULO 10: REDES CONVOLUCIONAIS (CNNS)

Redes Neurais Convolucionais (CNNs) revolucionaram o campo da visão computacional. Projetadas para processar dados com estruturas espaciais, como imagens e vídeos, as CNNs são altamente eficazes para identificar padrões visuais, como bordas, texturas e formas. Este capítulo explora os fundamentos das CNNs, suas aplicações práticas em visão computacional e a implementação de classificadores de imagens usando TensorFlow.

Fundamentos das Redes Convolucionais

As CNNs são compostas de camadas especializadas que realizam operações como convolução, pooling e normalização. Estas camadas trabalham juntas para aprender representações hierárquicas dos dados de entrada, começando com características básicas e evoluindo para padrões mais complexos.

Estrutura de uma CNN

Uma CNN típica é composta das seguintes camadas:

1. **Camadas Convolucionais**
   Realizam a operação de convolução, aplicando filtros (kernels) para detectar características locais nos dados de entrada.

python

```python
from tensorflow.keras.layers import Conv2D
# Criando uma camada convolucional
conv_layer = Conv2D(filters=32, kernel_size=(3, 3),
activation='relu', input_shape=(128, 128, 3))
```

2. Camadas de Pooling
Reduzem a dimensionalidade dos dados, mantendo as características mais importantes. O pooling mais comum é o max pooling.

python

```python
from tensorflow.keras.layers import MaxPooling2D
# Criando uma camada de pooling
pool_layer = MaxPooling2D(pool_size=(2, 2))
```

3. Camadas de Flatten e Densas
A camada Flatten converte as características em um vetor, e as camadas densas realizam a classificação com base nessas características.

python

```python
from tensorflow.keras.layers import Flatten, Dense
# Criando camadas Flatten e Dense
flatten_layer = Flatten()
dense_layer = Dense(units=128, activation='relu')
```

Processamento de Imagens com CNNs
Imagens possuem propriedades espaciais e relacionamentos

locais que tornam as CNNs particularmente eficazes. A convolução é uma operação que explora essas propriedades, aprendendo padrões em pequenos pedaços da imagem.

Operação de Convolução

A operação de convolução envolve a aplicação de um kernel (filtro) sobre a entrada, produzindo um mapa de características. Os filtros aprendem características específicas, como bordas horizontais, verticais ou diagonais.

Pooling

Pooling é uma técnica de redução de dimensionalidade que consolida informações em regiões da imagem. Max pooling seleciona o valor máximo em uma região, enquanto average pooling calcula a média.

python

```
import tensorflow as tf

# Exemplo de max pooling
input_tensor = tf.constant([[[1, 2], [3, 4]], [[5, 6], [7, 8]]],
dtype=tf.float32)
pooled_tensor = tf.nn.max_pool2d(input_tensor[tf.newaxis, ...,
tf.newaxis], ksize=2, strides=1, padding='VALID')
print(pooled_tensor.numpy())
```

Implementação Prática de Classificadores de Imagens

CNNs são amplamente utilizadas para classificação de imagens, como categorização de objetos em uma foto ou reconhecimento facial. Abaixo, é apresentada a implementação prática de um classificador de imagens com TensorFlow usando o dataset CIFAR-10, que contém 60.000 imagens em 10 categorias.

Configuração do Dataset

O dataset CIFAR-10 pode ser carregado diretamente do TensorFlow:

python

```python
from tensorflow.keras.datasets import cifar10
from tensorflow.keras.utils import to_categorical

# Carregando o dataset
(X_train, y_train), (X_test, y_test) = cifar10.load_data()

# Normalizando as imagens
X_train = X_train / 255.0
X_test = X_test / 255.0

# Convertendo os rótulos para one-hot encoding
y_train = to_categorical(y_train, 10)
y_test = to_categorical(y_test, 10)
```

Construção do Modelo

O modelo será uma CNN com várias camadas convolucionais, pooling e densas.

python

```python
from tensorflow.keras.models import Sequential
from tensorflow.keras.layers import Conv2D, MaxPooling2D,
```

Flatten, Dense, Dropout

```
# Criando o modelo
model = Sequential([
    Conv2D(32, (3, 3), activation='relu', input_shape=(32, 32, 3)),
    MaxPooling2D((2, 2)),
    Conv2D(64, (3, 3), activation='relu'),
    MaxPooling2D((2, 2)),
    Conv2D(128, (3, 3), activation='relu'),
    Flatten(),
    Dense(128, activation='relu'),
    Dropout(0.5),
    Dense(10, activation='softmax')  # 10 classes no CIFAR-10
])
```

Compilação e Treinamento do Modelo

Após criar o modelo, configure o otimizador, a função de perda e as métricas para o treinamento.

python

```
model.compile(optimizer='adam',
loss='categorical_crossentropy', metrics=['accuracy'])
```

```
# Treinando o modelo
history = model.fit(X_train, y_train, epochs=20, batch_size=64,
validation_data=(X_test, y_test))
```

Avaliação e Inferência

Avalie o desempenho do modelo no conjunto de teste e use-o para realizar inferências.

python

```
# Avaliação do modelo
test_loss, test_accuracy = model.evaluate(X_test, y_test)
print(f"Acurácia no teste: {test_accuracy}")


# Realizando previsões
predictions = model.predict(X_test[:5])
print(predictions)
```

Aplicações Avançadas de CNNs

Além de classificadores simples, as CNNs são utilizadas em tarefas mais complexas, como detecção de objetos, segmentação de imagens e geração de imagens.

Detecção de Objetos

Na detecção de objetos, o objetivo é localizar e identificar diferentes objetos em uma imagem. Arquiteturas como YOLO e Faster R-CNN são amplamente utilizadas.

Segmentação de Imagens

A segmentação divide a imagem em diferentes regiões ou objetos. Redes como U-Net e Mask R-CNN são exemplos de arquiteturas para essa tarefa.

Geração de Imagens

As redes adversárias generativas (GANs) utilizam CNNs para criar imagens realistas, amplamente aplicadas em áreas como design e entretenimento.

Melhores Práticas para CNNs

1. **Ajuste de Hiperparâmetros**
   Teste diferentes tamanhos de filtro, taxas de dropout e funções de ativação para encontrar a melhor configuração.
2. **Aumentação de Dados**
   Aumente o dataset com técnicas como rotação, espelhamento e corte para melhorar a generalização.

python

```
from tensorflow.keras.preprocessing.image import
ImageDataGenerator

# Configurando a aumentação de dados
datagen = ImageDataGenerator(rotation_range=20,
horizontal_flip=True, width_shift_range=0.2,
height_shift_range=0.2)

datagen.fit(X_train)
```

3. **Regularização**
   Use dropout e normalização para evitar overfitting.
4. **Treinamento Distribuído**

Utilize múltiplas GPUs para acelerar o treinamento em datasets grandes.

As Redes Convolucionais são um pilar fundamental da visão computacional, permitindo soluções precisas e eficientes para tarefas que vão desde classificação de imagens até geração e segmentação. Dominar suas bases, entender suas aplicações e implementar projetos práticos abre portas para explorar os limites da inteligência artificial e criar sistemas que impactam positivamente diversos setores.

CAPÍTULO 11: REDES RECORRENTES (RNNS)

As Redes Neurais Recorrentes (RNNs) são arquiteturas projetadas para processar dados sequenciais e séries temporais, como textos, sinais de áudio, dados financeiros e outras informações dependentes de ordem. Diferente de redes neurais tradicionais, as RNNs têm a capacidade de "lembrar" informações anteriores, o que as torna ideais para lidar com sequências de dados. Este capítulo explora as estruturas fundamentais das RNNs, incluindo LSTMs e GRUs, suas aplicações práticas e a implementação em TensorFlow.

Estrutura das Redes Recorrentes (RNNs)

As RNNs são baseadas em conexões recorrentes, que permitem que a saída de um neurônio em um determinado tempo seja usada como entrada para o mesmo neurônio no próximo tempo. Isso cria uma espécie de memória, permitindo que a rede analise relações temporais nos dados.

Como as RNNs Processam Sequências

Em vez de processar entradas de forma independente, como em redes densas, as RNNs processam as entradas em sequência, transmitindo informações através de estados ocultos. A arquitetura básica consiste nos seguintes componentes:

1. **Entrada Sequencial**
   Cada elemento da sequência é alimentado na rede em etapas de tempo.
2. **Estado Oculto**
   O estado oculto é atualizado em cada etapa com base na entrada atual e no estado anterior.
3. **Saída Sequencial ou Única**
   A saída pode ser gerada em cada etapa (para tarefas como tradução de idiomas) ou apenas no final da sequência (para tarefas como classificação de texto).

python

```python
import tensorflow as tf

# Criando uma camada RNN simples
rnn_layer = tf.keras.layers.SimpleRNN(32, input_shape=(10, 8))
# 10 passos de tempo, 8 características por passo
```

Problemas das RNNs Clássicas

Embora as RNNs básicas sejam poderosas, elas apresentam limitações significativas, como:

- **Desaparecimento e Explosão de Gradientes**
  Durante o treinamento, os gradientes podem se tornar muito pequenos ou muito grandes, dificultando a atualização dos pesos e prejudicando a aprendizagem de dependências de longo prazo.
- **Memória Limitada**
  As RNNs clássicas têm dificuldade em capturar informações de longo alcance em sequências.

Esses problemas levaram ao desenvolvimento de arquiteturas avançadas, como LSTMs e GRUs.

LSTMs (Long Short-Term Memory)

As LSTMs foram projetadas para superar as limitações das

RNNs clássicas, introduzindo mecanismos de memória mais sofisticados. Elas utilizam células de memória, portas de entrada, portas de esquecimento e portas de saída para gerenciar informações de forma mais eficaz.

Componentes das LSTMs

1. **Célula de Memória**
   Armazena informações relevantes ao longo do tempo.
2. **Porta de Entrada**
   Decide quais informações da entrada devem ser armazenadas na célula de memória.
3. **Porta de Esquecimento**
   Determina quais informações devem ser descartadas.
4. **Porta de Saída**
   Controla quais informações da célula de memória serão usadas para calcular a saída.

python

```python
# Criando uma camada LSTM
lstm_layer = tf.keras.layers.LSTM(64, input_shape=(10, 8)) # 10 passos de tempo, 8 características por passo
```

Aplicações de LSTMs

As LSTMs são amplamente utilizadas em tarefas como:

- Processamento de linguagem natural (NLP), incluindo análise de sentimentos e tradução automática.
- Previsão de séries temporais, como preços de ações e consumo de energia.
- Reconhecimento de fala e processamento de sinais de

áudio.

GRUs (Gated Recurrent Units)

As GRUs são uma simplificação das LSTMs, com menos parâmetros e menor complexidade computacional. Elas combinam a porta de entrada e a porta de esquecimento em uma única porta de atualização.

Vantagens das GRUs

- Menor custo computacional devido à redução de componentes.
- Desempenho comparável às LSTMs em muitas tarefas.

python

```
# Criando uma camada GRU
gru_layer = tf.keras.layers.GRU(64, input_shape=(10, 8)) # 10
passos de tempo, 8 características por passo
```

Aplicações de GRUs

As GRUs são usadas em cenários semelhantes às LSTMs, especialmente quando há restrições de recursos ou a simplicidade do modelo é uma prioridade.

Processamento de Séries Temporais e Sequências

As RNNs, LSTMs e GRUs são amplamente aplicadas no processamento de séries temporais e sequências. Abaixo, exploramos algumas das principais aplicações.

Previsão de Séries Temporais

Uma aplicação comum é prever valores futuros com base em padrões históricos, como previsão de demanda, preços de mercado e condições meteorológicas.

python

```python
# Criando um modelo para previsão de séries temporais
model = tf.keras.Sequential([
    tf.keras.layers.LSTM(64, return_sequences=True,
input_shape=(30, 1)),  # 30 passos de tempo, 1 característica
    tf.keras.layers.LSTM(32),
    tf.keras.layers.Dense(1)  # Previsão de um único valor
])

model.compile(optimizer='adam', loss='mse')
```

Análise de Sentimentos

Outro uso é a análise de sentimentos em textos, classificando mensagens como positivas, negativas ou neutras.

python

```python
# Criando um modelo LSTM para análise de sentimentos
model = tf.keras.Sequential([
    tf.keras.layers.Embedding(input_dim=5000,
output_dim=64, input_length=100),  # 5000 palavras no
vocabulário
    tf.keras.layers.LSTM(128),
    tf.keras.layers.Dense(1, activation='sigmoid')  # Saída binária
])

model.compile(optimizer='adam', loss='binary_crossentropy',
metrics=['accuracy'])
```

Tradução Automática

Em tradução de idiomas, as RNNs são usadas em arquiteturas de encoder-decoder, onde um modelo codifica a sequência de entrada em um vetor e outro modelo a decodifica para produzir a tradução.

Técnicas para Melhorar o Desempenho

Ao trabalhar com RNNs, LSTMs e GRUs, existem estratégias que podem melhorar o desempenho e a eficiência do modelo.

Regularização

Adicione Dropout para evitar overfitting e melhorar a generalização.

python

```
# Usando Dropout em uma LSTM
model = tf.keras.Sequential([
    tf.keras.layers.LSTM(64, return_sequences=True,
dropout=0.2, input_shape=(30, 1)),
    tf.keras.layers.LSTM(32, dropout=0.2),
    tf.keras.layers.Dense(1)
])
```

Ajuste de Hiperparâmetros

Experimente diferentes tamanhos de camada, taxas de aprendizado e funções de ativação para encontrar a melhor configuração para o problema.

Treinamento em Dados Longos

Use truncamento de sequência para lidar com sequências muito longas, dividindo-as em partes menores e mais gerenciáveis.

As Redes Neurais Recorrentes, juntamente com LSTMs e

GRUs, oferecem soluções poderosas para uma ampla gama de problemas que envolvem dados sequenciais e séries temporais. Com sua capacidade de modelar dependências temporais e relacionamentos complexos, essas redes desempenham um papel crucial em áreas como processamento de linguagem natural, análise de séries temporais e reconhecimento de padrões em sequências. O domínio dessas técnicas abre portas para resolver problemas complexos com criatividade e precisão.

CAPÍTULO 12: TRANSFER LEARNING

O aprendizado por transferência, ou Transfer Learning, é uma abordagem que permite aproveitar o conhecimento adquirido por modelos pré-treinados em grandes datasets para resolver problemas específicos com menos dados e menos tempo de treinamento. Em vez de treinar um modelo do zero, essa técnica reutiliza redes já treinadas em tarefas relacionadas, como classificação de imagens ou processamento de texto. Esse método é amplamente utilizado em aprendizado profundo devido à sua eficiência e eficácia, especialmente em cenários com recursos limitados ou datasets pequenos.

Introdução ao Reaproveitamento de Modelos Pré-treinados

Modelos pré-treinados são redes que já passaram por um treinamento extensivo em datasets grandes e diversos, como o ImageNet, que contém milhões de imagens categorizadas em milhares de classes. Esses modelos aprendem a identificar padrões gerais, como bordas, formas e texturas, que são úteis em muitas tarefas visuais. Ao reutilizá-los, economiza-se tempo e recursos computacionais, além de melhorar o desempenho em problemas com dados limitados.

Modelos populares incluem:

- **VGG**: Focado em simplicidade e profundidade com camadas convolucionais empilhadas.
- **ResNet**: Introduz conexões residuais, que ajudam a treinar redes muito profundas.

- **MobileNet**: Projetado para eficiência em dispositivos móveis.
- **BERT** e **GPT**: Amplamente usados em processamento de linguagem natural.

No TensorFlow, esses modelos podem ser facilmente acessados através do módulo tf.keras.applications.

Uso de Modelos Pré-treinados

Para utilizar um modelo pré-treinado, carregue a arquitetura com os pesos treinados e adapte-o à tarefa desejada. Por exemplo, o VGG16 pode ser usado como base para classificação de imagens:

python

```
from tensorflow.keras.applications import VGG16
from tensorflow.keras import Sequential
from tensorflow.keras.layers import Dense, Flatten

# Carregando o modelo VGG16 pré-treinado
base_model = VGG16(weights='imagenet', include_top=False,
input_shape=(224, 224, 3))

# Congelando os pesos do modelo base
base_model.trainable = False

# Criando um novo modelo com o VGG16 como base
model = Sequential([
    base_model,
    Flatten(),
    Dense(256, activation='relu'),
    Dense(10, activation='softmax') # Saída para 10 classes
])

# Resumo do modelo
model.summary()
```

Nesse caso, as camadas convolucionais do VGG16 são usadas

para extrair características das imagens, enquanto novas camadas densas são adicionadas para realizar a classificação específica.

Compilação e Treinamento

Após construir o modelo, é necessário compilá-lo com um otimizador, uma função de perda e métricas apropriadas. Em problemas de classificação multiclasse, a função de perda sparse_categorical_crossentropy é frequentemente utilizada:

python

```python
# Compilando o modelo
model.compile(
    optimizer='adam',
    loss='sparse_categorical_crossentropy',
    metrics=['accuracy']
)

# Carregando dados de treinamento e validação
train_dataset = tf.keras.utils.image_dataset_from_directory(
    'path_to_train_data',
    image_size=(224, 224),
    batch_size=32
)

val_dataset = tf.keras.utils.image_dataset_from_directory(
    'path_to_val_data',
    image_size=(224, 224),
    batch_size=32
)

# Treinando o modelo
model.fit(train_dataset, validation_data=val_dataset,
epochs=10)
```

Congelar as camadas pré-treinadas evita que seus pesos sejam alterados durante o treinamento, preservando o conhecimento adquirido.

Fine-tuning para Problemas Específicos

O Fine-tuning é uma etapa adicional do Transfer Learning onde algumas ou todas as camadas do modelo pré-treinado são ajustadas para o novo problema. Essa técnica é particularmente útil quando o dataset de destino é substancialmente diferente do dataset original usado no treinamento do modelo.

Para realizar o Fine-tuning, descongele as camadas desejadas antes de recompilar e treinar o modelo:

python

```python
# Tornando as camadas convolucionais treináveis
base_model.trainable = True

# Compilando novamente o modelo
model.compile(
    optimizer=tf.keras.optimizers.Adam(learning_rate=1e-5),
    loss='sparse_categorical_crossentropy',
    metrics=['accuracy']
)

# Treinando com Fine-tuning
model.fit(train_dataset, validation_data=val_dataset,
epochs=5)
```

A redução na taxa de aprendizado é crucial para evitar grandes alterações nos pesos pré-treinados.

Vantagens e Limitações do Transfer Learning

Vantagens:

- **Economia de tempo e recursos**: Reutilizar um modelo pré-treinado reduz significativamente o custo computacional.

- **Melhoria de desempenho**: Os modelos começam com pesos bem ajustados, o que geralmente leva a melhores resultados em datasets pequenos.
- **Flexibilidade**: Pode ser aplicado a várias tarefas, desde visão computacional até processamento de linguagem natural.

Limitações:

- **Dependência do dataset original**: O desempenho pode ser limitado se o dataset original for muito diferente do dataset de destino.
- **Complexidade no Fine-tuning**: Ajustar camadas sem sobreajustar pode ser desafiador.

Uso de Modelos Pré-treinados para Outras Tarefas

Além de classificação de imagens, o Transfer Learning pode ser usado em tarefas como detecção de objetos e segmentação de imagens. Por exemplo, o modelo pré-treinado Mask R-CNN é amplamente utilizado para segmentação de instâncias, enquanto o YOLO (You Only Look Once) é uma opção popular para detecção de objetos em tempo real.

Transfer Learning em Processamento de Linguagem Natural (NLP)

No NLP, modelos como BERT e GPT são amplamente utilizados para tarefas como análise de sentimentos, resposta a perguntas e tradução automática. O TensorFlow oferece suporte a esses modelos por meio do módulo transformers.

python

```
from transformers import TFBertForSequenceClassification, BertTokenizer
```

```
# Carregando o modelo e o tokenizador BERT
model =
TFBertForSequenceClassification.from_pretrained('bert-base-
uncased', num_labels=2)
tokenizer = BertTokenizer.from_pretrained('bert-base-uncased')
```

```
# Tokenizando texto
inputs = tokenizer("The movie was fantastic!",
return_tensors="tf")
```

```
# Fazendo uma previsão
outputs = model(inputs)
print(outputs)
```

Monitoramento e Ajuste de Hiperparâmetros

Monitorar o desempenho do modelo durante o treinamento é essencial para garantir que ele não esteja superajustando ou subajustando os dados. Ferramentas como o TensorBoard podem ser integradas para acompanhar as métricas:

python

```
# Configurando o TensorBoard
tensorboard_callback =
tf.keras.callbacks.TensorBoard(log_dir="./logs")
```

```
# Treinando o modelo com callback
model.fit(train_dataset, validation_data=val_dataset,
epochs=10, callbacks=[tensorboard_callback])
```

Ajustar hiperparâmetros como taxa de aprendizado, número de camadas treináveis e tamanho do lote pode melhorar ainda mais o desempenho do modelo.

O Transfer Learning é uma técnica poderosa que democratiza o uso de aprendizado profundo, permitindo que até mesmo equipes com recursos limitados alcancem resultados avançados.

Reaproveitar modelos pré-treinados reduz o tempo de desenvolvimento, melhora a eficiência e oferece um ponto de partida sólido para resolver problemas específicos. Combinado com Fine-tuning, essa abordagem maximiza o desempenho e a versatilidade, sendo indispensável no arsenal de qualquer desenvolvedor ou pesquisador em aprendizado profundo.

CAPÍTULO 13: REDES ADVERSÁRIAS GENERATIVAS (GANS)

As Redes Adversárias Generativas (GANs) são uma abordagem revolucionária no campo do aprendizado profundo, permitindo que modelos gerem novos dados com características semelhantes aos dados reais. Essas redes são compostas por dois modelos: um gerador e um discriminador, que competem entre si para melhorar continuamente. As GANs têm diversas aplicações, como geração de imagens realistas, criação de arte, aumento de dados e reconstrução de imagens.

Construção e Funcionamento de GANs

As GANs são formadas por duas partes principais:

1. **Gerador**: Um modelo que aprende a criar dados a partir de um ruído aleatório. Ele tenta produzir amostras que sejam indistinguíveis dos dados reais para enganar o discriminador.
2. **Discriminador**: Um modelo que tenta distinguir entre os dados reais e os dados gerados pelo gerador. Ele é essencialmente um classificador binário, treinado para identificar se uma amostra é real ou falsa.

O treinamento de uma GAN ocorre em um ciclo de competição. O gerador tenta melhorar sua capacidade de enganar o discriminador, enquanto o discriminador tenta melhorar sua habilidade de identificar as amostras geradas.

Construção de uma GAN com TensorFlow

O TensorFlow oferece ferramentas poderosas para construir e treinar GANs. Abaixo, está a implementação de uma GAN para geração de imagens simples, como dígitos manuscritos do dataset MNIST.

Preparação dos Dados

Primeiro, carregue o dataset MNIST e normalize os valores dos pixels para o intervalo entre -1 e 1, necessário para a estabilidade do treinamento:

python

```python
import tensorflow as tf
from tensorflow.keras.datasets import mnist

# Carregando o dataset MNIST
(train_images, _), (_, _) = mnist.load_data()

# Normalizando os dados
train_images = train_images.reshape(train_images.shape[0], 28, 28, 1).astype('float32')
train_images = (train_images - 127.5) / 127.5 # Normalizando para o intervalo [-1, 1]

# Criando batches
BUFFER_SIZE = 60000
BATCH_SIZE = 256

dataset = tf.data.Dataset.from_tensor_slices(train_images).shuffle(BUFFER_SIZE).batch(BATCH_SIZE)
```

Construção do Gerador

O gerador é um modelo que transforma ruído aleatório em imagens. Ele utiliza camadas de convolução transpostas para gerar dados com a estrutura correta.

python

```python
from tensorflow.keras import Sequential
from tensorflow.keras.layers import Dense, Reshape,
Conv2DTranspose, BatchNormalization, ReLU

def build_generator():
    model = Sequential([
        Dense(7 * 7 * 256, use_bias=False, input_shape=(100,)),
        BatchNormalization(),
        ReLU(),
        Reshape((7, 7, 256)),
        Conv2DTranspose(128, (5, 5), strides=(1, 1),
padding='same', use_bias=False),
        BatchNormalization(),
        ReLU(),
        Conv2DTranspose(64, (5, 5), strides=(2, 2),
padding='same', use_bias=False),
        BatchNormalization(),
        ReLU(),
        Conv2DTranspose(1, (5, 5), strides=(2, 2), padding='same',
use_bias=False, activation='tanh')
    ])
    return model

generator = build_generator()
generator.summary()
```

O gerador começa com uma entrada de ruído (vetor de 100 dimensões) e a expande até formar uma imagem 28x28 com um único canal.

Construção do Discriminador

O discriminador é um modelo que classifica imagens como

reais ou falsas. Ele utiliza camadas convolucionais para extrair características das imagens.

python

```python
from tensorflow.keras.layers import Flatten, LeakyReLU, Dropout

def build_discriminator():
    model = Sequential([
        Conv2DTranspose(64, (5, 5), strides=(2, 2), padding='same', input_shape=[28, 28, 1]),
        LeakyReLU(alpha=0.2),
        Dropout(0.3),
        Flatten(),
        Dense(1, activation='sigmoid')
    ])
    return model

discriminator = build_discriminator()
discriminator.summary()
```

O discriminador retorna um valor entre 0 e 1, representando a probabilidade de a imagem ser real.

Compilação e Perdas

As GANs usam funções de perda específicas para treinar o gerador e o discriminador. A perda do gerador é baseada em sua capacidade de enganar o discriminador, enquanto a perda do discriminador mede sua precisão em distinguir dados reais de gerados.

python

```python
from tensorflow.keras.optimizers import Adam

# Funções de perda
cross_entropy = tf.keras.losses.BinaryCrossentropy(from_logits=True)
```

```python
def generator_loss(fake_output):
    return cross_entropy(tf.ones_like(fake_output),
fake_output)

def discriminator_loss(real_output, fake_output):
    real_loss = cross_entropy(tf.ones_like(real_output),
real_output)
    fake_loss = cross_entropy(tf.zeros_like(fake_output),
fake_output)
    return real_loss + fake_loss

# Otimizadores
generator_optimizer = Adam(1e-4)
discriminator_optimizer = Adam(1e-4)
```

Treinamento

O treinamento ocorre em ciclos, onde o gerador e o discriminador são treinados alternadamente.

python

```python
import numpy as np

EPOCHS = 50
NOISE_DIM = 100
NUM_EXAMPLES = 16

seed = tf.random.normal([NUM_EXAMPLES, NOISE_DIM])

@tf.function
def train_step(images):
    noise = tf.random.normal([BATCH_SIZE, NOISE_DIM])

    with tf.GradientTape() as gen_tape, tf.GradientTape() as disc_tape:
        generated_images = generator(noise, training=True)

        real_output = discriminator(images, training=True)
        fake_output = discriminator(generated_images,
```

```
training=True)

    gen_loss = generator_loss(fake_output)
    disc_loss = discriminator_loss(real_output, fake_output)

  gradients_of_generator = gen_tape.gradient(gen_loss,
generator.trainable_variables)
  gradients_of_discriminator = disc_tape.gradient(disc_loss,
discriminator.trainable_variables)

  generator_optimizer.apply_gradients(zip(gradients_of_gene
rator, generator.trainable_variables))
  discriminator_optimizer.apply_gradients(zip(gradients_of_d
iscriminator, discriminator.trainable_variables))

def train(dataset, epochs):
  for epoch in range(epochs):
    for image_batch in dataset:
      train_step(image_batch)
```

Geração de Imagens

Após o treinamento, o gerador pode criar imagens realistas a partir de ruído.

python

```
import matplotlib.pyplot as plt

def generate_and_save_images(model, epoch, test_input):
  predictions = model(test_input, training=False)
  fig = plt.figure(figsize=(4, 4))

  for i in range(predictions.shape[0]):
    plt.subplot(4, 4, i + 1)
    plt.imshow((predictions[i, :, :, 0] + 1) / 2, cmap='gray')
    plt.axis('off')
```

```
plt.show()

generate_and_save_images(generator, 0, seed)
```

As GANs são ferramentas poderosas que ampliam os limites do que as redes neurais podem alcançar. Elas permitem criar novos dados realistas e têm aplicações em diversos campos, desde arte até medicina. Construir e treinar uma GAN requer uma compreensão cuidadosa do equilíbrio entre o gerador e o discriminador, mas as recompensas em termos de inovação e resultados são incomparáveis. Ao dominar essa tecnologia, desenvolvedores podem explorar novos horizontes no aprendizado profundo.

CAPÍTULO 14: TRANSFORMERS

Os Transformers são uma das maiores inovações no aprendizado profundo, revolucionando o processamento de linguagem natural (NLP) e outras áreas. Introduzidos como uma arquitetura que substitui as redes recorrentes e convolucionais em tarefas de sequência, os Transformers utilizam mecanismos de atenção para capturar relações entre palavras ou elementos em uma sequência, independentemente da distância entre eles. Modelos baseados em Transformers, como BERT e GPT, transformaram a forma como entendemos e processamos linguagem, permitindo avanços em tradução automática, geração de texto, análise de sentimentos e outras tarefas.

Fundamentos dos Transformers

Os Transformers operam em três conceitos principais:

1. **Mecanismo de Atenção**
   O mecanismo de atenção permite que os Transformers atribuam pesos diferentes a palavras ou tokens em uma sequência com base em sua relevância para o contexto atual. Isso resolve a limitação de modelos como as redes recorrentes, que tinham dificuldade em capturar relações de longo alcance em sequências.

2. **Representações Paralelas**
   Enquanto redes recorrentes processam sequências de forma sequencial, os Transformers processam todos os tokens simultaneamente. Essa abordagem

paralela melhora significativamente o desempenho em hardware acelerado, como GPUs e TPUs.

3. **Codificadores e Decodificadores**

   A arquitetura original dos Transformers é composta por dois componentes principais:
   - O **codificador**, que lê a entrada e cria representações internas.
   - O **decodificador**, que usa essas representações para gerar uma saída.

Embora a arquitetura original seja bidirecional, modelos como GPT usam apenas a parte decodificadora para geração de texto.

Construção de um Transformer com TensorFlow

O TensorFlow fornece bibliotecas e ferramentas para construir e treinar Transformers. Uma implementação básica inclui camadas de atenção e codificação.

Camada de Atenção

A atenção é central no funcionamento dos Transformers. Abaixo está uma implementação de atenção escalonada em TensorFlow:

python

```
import tensorflow as tf

def scaled_dot_product_attention(query, key, value,
mask=None):
    matmul_qk = tf.matmul(query, key, transpose_b=True)
    dk = tf.cast(tf.shape(key)[-1], tf.float32)
    scaled_attention_logits = matmul_qk / tf.math.sqrt(dk)

    if mask is not None:
        scaled_attention_logits += (mask * -1e9)

    attention_weights = tf.nn.softmax(scaled_attention_logits,
axis=-1)
```

```python
output = tf.matmul(attention_weights, value)
return output, attention_weights
```

Multi-Head Attention

Os Transformers utilizam múltiplas cabeças de atenção para permitir que o modelo foque em diferentes partes da sequência ao mesmo tempo:

python

```python
from tensorflow.keras.layers import Dense

class MultiHeadAttention(tf.keras.layers.Layer):
    def __init__(self, d_model, num_heads):
        super(MultiHeadAttention, self).__init__()
        self.num_heads = num_heads
        self.d_model = d_model

        assert d_model % self.num_heads == 0

        self.depth = d_model // self.num_heads
        self.wq = Dense(d_model)
        self.wk = Dense(d_model)
        self.wv = Dense(d_model)
        self.dense = Dense(d_model)

    def split_heads(self, x, batch_size):
        x = tf.reshape(x, (batch_size, -1, self.num_heads, self.depth))
        return tf.transpose(x, perm=[0, 2, 1, 3])

    def call(self, query, key, value, mask):
        batch_size = tf.shape(query)[0]
        query = self.split_heads(self.wq(query), batch_size)
        key = self.split_heads(self.wk(key), batch_size)
        value = self.split_heads(self.wv(value), batch_size)

        attention, _ = scaled_dot_product_attention(query, key, value, mask)
```

```
attention = tf.transpose(attention, perm=[0, 2, 1, 3])
concat_attention = tf.reshape(attention, (batch_size, -1,
self.d_model))
return self.dense(concat_attention)
```

Codificador Transformer

O codificador aplica a atenção em conjunto com camadas feedforward e normalização:

python

```python
class TransformerEncoderLayer(tf.keras.layers.Layer):
    def __init__(self, d_model, num_heads, dff, rate=0.1):
        super(TransformerEncoderLayer, self).__init__()
        self.mha = MultiHeadAttention(d_model, num_heads)
        self.ffn = tf.keras.Sequential([
            Dense(dff, activation='relu'),
            Dense(d_model)
        ])
        self.layernorm1 =
tf.keras.layers.LayerNormalization(epsilon=1e-6)
        self.layernorm2 =
tf.keras.layers.LayerNormalization(epsilon=1e-6)
        self.dropout1 = tf.keras.layers.Dropout(rate)
        self.dropout2 = tf.keras.layers.Dropout(rate)

    def call(self, x, training, mask):
        attn_output = self.mha(x, x, x, mask)
        attn_output = self.dropout1(attn_output,
training=training)
        out1 = self.layernorm1(x + attn_output)
        ffn_output = self.ffn(out1)
        ffn_output = self.dropout2(ffn_output, training=training)
        return self.layernorm2(out1 + ffn_output)
```

Aplicação com Modelos Pré-treinados: BERT e GPT

BERT e GPT são dois dos modelos mais conhecidos baseados em Transformers. O TensorFlow oferece bibliotecas para usá-los facilmente, como o transformers.

Carregando BERT para Classificação

BERT (Bidirectional Encoder Representations from Transformers) é amplamente usado em NLP para tarefas como análise de sentimentos e classificação de texto:

python

```python
from transformers import TFBertForSequenceClassification,
BertTokenizer

# Carregando o modelo e o tokenizador BERT
model =
TFBertForSequenceClassification.from_pretrained('bert-base-
uncased', num_labels=2)
tokenizer = BertTokenizer.from_pretrained('bert-base-uncased')

# Tokenizando texto
inputs = tokenizer("The movie was fantastic!",
return_tensors="tf")

# Fazendo uma previsão
outputs = model(inputs)
print(outputs.logits)
```

Carregando GPT para Geração de Texto

GPT (Generative Pre-trained Transformer) é usado para geração de texto contínuo:

python

```python
from transformers import TFGPT2LMHeadModel,
GPT2Tokenizer

# Carregando o modelo e o tokenizador GPT
model = TFGPT2LMHeadModel.from_pretrained('gpt2')
```

```
tokenizer = GPT2Tokenizer.from_pretrained('gpt2')

# Geração de texto
input_text = "Once upon a time"
input_ids = tokenizer.encode(input_text, return_tensors='tf')
output = model.generate(input_ids, max_length=50,
num_return_sequences=1)
print(tokenizer.decode(output[0], skip_special_tokens=True))
```

Impacto dos Transformers

Os Transformers revolucionaram o NLP ao introduzir uma abordagem eficiente e escalável para modelar sequências. Eles resolveram limitações significativas das redes recorrentes, como dificuldade em capturar relações de longo alcance e alta demanda computacional. Além do NLP, os Transformers estão sendo adaptados para visão computacional, bioinformática e outras áreas emergentes.

Os Transformers são uma peça-chave no avanço do aprendizado profundo, redefinindo o estado da arte em várias tarefas. Com sua arquitetura flexível e desempenho superior, eles continuam a abrir novas possibilidades, permitindo que pesquisadores e desenvolvedores abordem problemas complexos com maior eficácia. Dominar os conceitos e implementações práticas dos Transformers é essencial para quem busca explorar o potencial do aprendizado profundo em 2024 e além.

CAPÍTULO 15: VISUALIZAÇÃO COM TENSORBOARD

O TensorBoard é uma ferramenta essencial para monitorar e visualizar o treinamento de modelos de aprendizado profundo em tempo real. Ele permite que desenvolvedores acompanhem métricas como perdas, acurácia, gradientes e parâmetros do modelo, além de inspecionar dados e acompanhar o progresso de experimentos. A integração com o TensorFlow facilita sua configuração, tornando-o indispensável para otimizar modelos e identificar problemas durante o treinamento.

Configuração do TensorBoard para Monitorar Métricas

A configuração do TensorBoard começa com a criação de um diretório onde os logs serão armazenados. Esses logs contêm informações sobre as métricas que serão visualizadas na interface do TensorBoard. No TensorFlow, a criação de logs é feita usando o callback tf.keras.callbacks.TensorBoard.

Preparação do Ambiente

Antes de configurar o TensorBoard, é necessário garantir que o TensorFlow e o TensorBoard estejam instalados. Para instalar o TensorBoard, use:

bash

```
pip install tensorboard
```

Configuração do Callback

O callback TensorBoard captura métricas durante o treinamento e as grava no diretório especificado. Ele pode ser adicionado diretamente ao método fit do modelo:

python

```python
import tensorflow as tf
from tensorflow.keras import Sequential
from tensorflow.keras.layers import Dense

# Criando um modelo simples
model = Sequential([
    Dense(64, activation='relu', input_shape=(100,)),
    Dense(32, activation='relu'),
    Dense(1, activation='sigmoid')
])

# Compilando o modelo
model.compile(optimizer='adam', loss='binary_crossentropy',
metrics=['accuracy'])

# Criando o diretório para armazenar logs
log_dir = "./logs"

# Configurando o callback do TensorBoard
tensorboard_callback =
tf.keras.callbacks.TensorBoard(log_dir=log_dir,
histogram_freq=1)

# Gerando dados fictícios
import numpy as np
X_train = np.random.random((1000, 100))
y_train = np.random.randint(0, 2, (1000,))

# Treinando o modelo com o TensorBoard
model.fit(X_train, y_train, epochs=10, batch_size=32,
callbacks=[tensorboard_callback])
```

Iniciando o TensorBoard

Após o treinamento começar, inicie o TensorBoard para visualizar os logs. No terminal, execute:

bash

```
tensorboard --logdir=./logs
```

Depois, acesse o endereço fornecido, geralmente http:// localhost:6006, para explorar a interface do TensorBoard.

Métricas Monitoradas

O TensorBoard apresenta diferentes tipos de gráficos e informações:

1. **Escalares**: Visualiza métricas como perda e acurácia ao longo das épocas.
2. **Histogramas**: Mostra a distribuição dos pesos e gradientes durante o treinamento.
3. **Distribuições**: Acompanha como os pesos mudam ao longo do tempo.
4. **Imagens**: Visualiza entradas e saídas de modelos, como filtros de convolução.
5. **Gráficos do Modelo**: Inspeciona a estrutura do modelo e os fluxos de dados.

Análise de Gradientes e Parâmetros do Modelo

O TensorBoard também é uma ferramenta poderosa para inspecionar gradientes e parâmetros do modelo. Esses recursos ajudam a entender o comportamento do modelo durante o treinamento e a diagnosticar problemas como gradientes desaparecidos ou explosivos.

Registro de Gradientes

Para visualizar gradientes, ative o registro de histogramas no callback:

python

```
tensorboard_callback =
tf.keras.callbacks.TensorBoard(log_dir=log_dir,
histogram_freq=1)
```

Isso permitirá que o TensorBoard registre as distribuições de gradientes a cada época, exibindo como eles variam em diferentes camadas do modelo.

Exploração dos Pesos do Modelo

Os pesos do modelo podem ser monitorados para garantir que não estejam se tornando muito grandes ou muito pequenos, o que pode indicar problemas de treinamento. No TensorBoard, os histogramas mostram como os valores dos pesos se distribuem ao longo do tempo.

python

```
# Visualizando os pesos do modelo
for layer in model.layers:
    weights = layer.get_weights()
    print(f"Pesos da camada {layer.name}: {weights}")
```

Inspeção de Estruturas do Modelo

O TensorBoard também permite visualizar a estrutura do modelo. Para isso, salve o gráfico computacional durante o treinamento:

python

```
# Adicionando o gráfico do modelo ao TensorBoard
tensorboard_callback =
tf.keras.callbacks.TensorBoard(log_dir=log_dir,
write_graph=True)
```

Na interface do TensorBoard, a aba "Graph" apresenta uma visão detalhada do modelo, incluindo fluxos de dados entre camadas.

Visualização de Dados com TensorBoard

Além de monitorar métricas de treinamento, o TensorBoard pode ser usado para visualizar entradas e saídas do modelo. Por exemplo, ao treinar uma rede convolucional, é possível inspecionar imagens de entrada e os filtros aprendidos.

Registro de Imagens

O TensorBoard permite registrar imagens durante o treinamento:

python

```
file_writer = tf.summary.create_file_writer(log_dir + "/images")
```

```
# Registrando imagens de entrada
with file_writer.as_default():
    tf.summary.image("Imagens de entrada",
X_train[:10].reshape(-1, 10, 10, 1), step=0)
```

Inspeção de Filtros e Ativações

Para redes convolucionais, visualizar filtros e ativações pode ajudar a entender como o modelo está processando os dados:

python

```python
# Obtendo filtros de uma camada convolucional
from tensorflow.keras.models import Model

model_conv = Sequential([
    tf.keras.layers.Conv2D(32, (3, 3), activation='relu',
input_shape=(28, 28, 1)),
    tf.keras.layers.MaxPooling2D((2, 2)),
    tf.keras.layers.Flatten(),
    tf.keras.layers.Dense(10, activation='softmax')
])
```

```python
# Visualizando os filtros
filters, biases = model_conv.layers[0].get_weights()
print(f"Filtros da camada: {filters.shape}")
```

```python
# Criando um modelo para inspecionar ativações
activation_model = Model(inputs=model_conv.input,
outputs=model_conv.layers[0].output)
activations = activation_model.predict(X_train[:1])
```

Otimização Baseada em Métricas

Uma das maiores vantagens do TensorBoard é permitir ajustes durante o treinamento com base nas métricas visualizadas. Por exemplo, se os gradientes em algumas camadas estão desaparecendo, técnicas como normalização de gradientes ou ajustes na taxa de aprendizado podem ser aplicadas.

python

```python
# Alterando a taxa de aprendizado com base no desempenho
new_lr = 0.001
tf.keras.backend.set_value(model.optimizer.learning_rate,
new_lr)
```

O TensorBoard é mais do que uma ferramenta de visualização; é um componente estratégico no desenvolvimento de modelos de aprendizado profundo. Ele fornece insights detalhados sobre o treinamento, ajudando a diagnosticar problemas e a refinar os modelos para alcançar o máximo desempenho. Com sua interface intuitiva e integração com TensorFlow, o TensorBoard é indispensável para qualquer pipeline de aprendizado profundo.

CAPÍTULO 16: APLICAÇÕES EM IOT

A Internet das Coisas (IoT) é um campo em crescimento exponencial, conectando dispositivos inteligentes que coletam, compartilham e processam dados em tempo real. Esses dispositivos variam desde sensores e câmeras até assistentes de voz e sistemas industriais. Com a popularização da IoT, surge a necessidade de processar dados diretamente no dispositivo, uma abordagem conhecida como computação de borda. O TensorFlow Lite (TFLite) foi desenvolvido para atender a essas demandas, permitindo que modelos de aprendizado profundo sejam executados em dispositivos embarcados com recursos computacionais limitados.

Uso do TensorFlow Lite em Dispositivos Embarcados

O TensorFlow Lite é uma versão otimizada do TensorFlow projetada para rodar em dispositivos móveis e embarcados. Ele reduz o tamanho dos modelos e melhora sua eficiência sem sacrificar significativamente a precisão. Além disso, o TFLite é compatível com várias arquiteturas de hardware, incluindo CPUs, GPUs e aceleradores especializados, como TPUs e microcontroladores.

Fluxo de Trabalho do TensorFlow Lite

O uso do TensorFlow Lite segue um fluxo de trabalho estruturado:

1. Treinamento do Modelo

O modelo é treinado usando o TensorFlow em um ambiente de desenvolvimento convencional, como um computador ou servidor.

2. **Conversão para TFLite**
Após o treinamento, o modelo é convertido para o formato TFLite, que é mais leve e otimizado para dispositivos embarcados.

3. **Implementação no Dispositivo**
O modelo convertido é implementado no dispositivo IoT, onde pode realizar inferências em tempo real.

4. **Integração com Aplicações**
O modelo TFLite é integrado a aplicações específicas para automação, monitoramento ou qualquer outra funcionalidade desejada.

Conversão de Modelos para TFLite

Após treinar um modelo com TensorFlow, ele pode ser convertido para o formato TFLite usando o conversor TFLiteConverter. Abaixo está o processo para converter um modelo de classificação de imagens:

python

```python
import tensorflow as tf

# Treinando um modelo simples
from tensorflow.keras import Sequential
from tensorflow.keras.layers import Dense, Flatten

model = Sequential([
    Flatten(input_shape=(28, 28)),
    Dense(128, activation='relu'),
    Dense(10, activation='softmax')
])

# Compilando e treinando o modelo
model.compile(optimizer='adam',
loss='sparse_categorical_crossentropy', metrics=['accuracy'])
```

```
model.fit(X_train, y_train, epochs=5)
```

```
# Salvando o modelo no formato TensorFlow
model.save("model")
```

```
# Convertendo o modelo para TensorFlow Lite
converter = tf.lite.TFLiteConverter.from_saved_model("model")
tflite_model = converter.convert()
```

```
# Salvando o modelo TFLite
with open("model.tflite", "wb") as f:
    f.write(tflite_model)
```

Integração em Dispositivos IoT

Uma vez convertido, o modelo TFLite pode ser implementado em dispositivos IoT, como Raspberry Pi, Arduino ou outros microcontroladores. O TensorFlow Lite fornece APIs para várias linguagens, incluindo Python, C++ e Java, para facilitar essa integração.

Implementação em Python no Raspberry Pi

No Raspberry Pi, o modelo pode ser usado para realizar inferências em tempo real:

python

```
import tensorflow as tf
import numpy as np
from PIL import Image
```

```
# Carregando o modelo TFLite
interpreter = tf.lite.Interpreter(model_path="model.tflite")
interpreter.allocate_tensors()
```

```
# Obtendo detalhes das entradas e saídas
input_details = interpreter.get_input_details()
output_details = interpreter.get_output_details()
```

```python
# Carregando uma imagem de teste
image = Image.open("test_image.jpg").resize((28,
28)).convert('L')
input_data = np.expand_dims(np.array(image,
dtype=np.float32), axis=0)

# Realizando a inferência
interpreter.set_tensor(input_details[0]['index'], input_data)
interpreter.invoke()
output_data = interpreter.get_tensor(output_details[0]['index'])

print("Resultado da inferência:", output_data)
```

Exemplos Práticos em Computação de Borda

A computação de borda é essencial para muitas aplicações IoT, pois reduz a latência, economiza largura de banda e melhora a privacidade ao processar dados localmente. Alguns exemplos práticos incluem:

Reconhecimento de Imagens

Dispositivos embarcados podem usar modelos TFLite para reconhecimento de objetos, como em câmeras de segurança inteligentes ou dispositivos de monitoramento industrial.

Configurando um Modelo para Reconhecimento de Objetos

O modelo MobileNet, otimizado para dispositivos móveis, pode ser usado para reconhecimento de objetos:

python

```python
from tensorflow.keras.applications import MobileNet
from tensorflow.keras.applications.mobilenet import
preprocess_input
```

```python
# Carregando e convertendo o modelo MobileNet
mobilenet_model = MobileNet(weights='imagenet',
include_top=True)

converter =
tf.lite.TFLiteConverter.from_keras_model(mobilenet_model)
tflite_model = converter.convert()

with open("mobilenet.tflite", "wb") as f:
    f.write(tflite_model)
```

Implementação no Dispositivo

Depois de convertido, o modelo pode ser usado para classificar objetos em imagens capturadas por uma câmera conectada ao dispositivo.

Monitoramento de Sensores

Em aplicações industriais ou de automação residencial, dispositivos IoT podem usar modelos TFLite para detectar anomalias ou padrões nos dados de sensores.

Análise de Dados de Sensores

O TensorFlow Lite pode ser combinado com sensores conectados a microcontroladores, como o Arduino, para monitorar vibrações em máquinas industriais:

python

```python
import serial
import tensorflow as tf
import numpy as np

# Configurando comunicação com o Arduino
ser = serial.Serial('COM3', 9600)
```

```python
# Carregando o modelo TFLite
interpreter =
tf.lite.Interpreter(model_path="sensor_model.tflite")
interpreter.allocate_tensors()

input_details = interpreter.get_input_details()
output_details = interpreter.get_output_details()

while True:
    # Lendo dados do sensor
    sensor_data = ser.readline()
    input_data = np.array([float(sensor_data)],
dtype=np.float32).reshape(1, -1)

    # Realizando inferência
    interpreter.set_tensor(input_details[0]['index'], input_data)
    interpreter.invoke()
    output = interpreter.get_tensor(output_details[0]['index'])

    print("Análise do sensor:", output)
```

Automação Residencial

Em sistemas de casas inteligentes, dispositivos IoT podem usar modelos TFLite para interpretar comandos de voz, detectar rostos ou controlar dispositivos com base em condições ambientais.

Reconhecimento de Voz

O TensorFlow Lite também suporta modelos para reconhecimento de voz, como o modelo Wake Word Detection:

python

```python
import sounddevice as sd

# Capturando áudio em tempo real
def record_audio(duration, samplerate=16000):
    return sd.rec(int(duration * samplerate),
```

```
samplerate=samplerate, channels=1, dtype='int16')

audio_data = record_audio(3)  # Gravação de 3 segundos

# Realizando inferência
interpreter =
tf.lite.Interpreter(model_path="wake_word_model.tflite")
interpreter.allocate_tensors()
interpreter.set_tensor(input_details[0]['index'], audio_data)
interpreter.invoke()
result = interpreter.get_tensor(output_details[0]['index'])
print("Comando reconhecido:", result)
```

O TensorFlow Lite é uma ferramenta poderosa para trazer aprendizado profundo para o mundo da IoT, permitindo que dispositivos embarcados realizem inferências sofisticadas diretamente na borda. Com sua capacidade de otimizar modelos e integrá-los facilmente a dispositivos de baixa potência, ele possibilita inovações em diversas áreas, desde automação até saúde e segurança. Ao explorar essas tecnologias, desenvolvedores podem criar soluções eficientes, inteligentes e altamente escaláveis para o futuro conectado.

CAPÍTULO 17: TREINAMENTO DISTRIBUÍDO

Treinar modelos de aprendizado profundo em grandes datasets pode ser uma tarefa computacionalmente intensiva. A necessidade de acelerar o treinamento e lidar com modelos complexos levou ao desenvolvimento de estratégias de treinamento distribuído, que utilizam múltiplas GPUs, TPUs ou clusters de máquinas para dividir a carga computacional. O TensorFlow oferece ferramentas robustas para configurar e gerenciar esses ambientes, permitindo que desenvolvedores escalem o treinamento de seus modelos de maneira eficiente.

Fundamentos do Treinamento Distribuído

O treinamento distribuído divide o trabalho de treinamento em várias unidades computacionais, que podem ser GPUs, TPUs ou máquinas em um cluster. Existem diferentes estratégias para implementar esse treinamento:

1. **Treinamento Sincronizado**
   Todos os dispositivos trabalham juntos em cada lote de dados, compartilhando gradientes para atualizar os pesos de forma consistente.
2. **Treinamento Assíncrono**
   Cada dispositivo atualiza os pesos de forma independente, com base nos gradientes calculados localmente.
3. **Treinamento Híbrido**

Combina aspectos de treinamento sincronizado e assíncrono para aproveitar os benefícios de ambos os métodos.

O TensorFlow simplifica o treinamento distribuído por meio da API tf.distribute, que oferece suporte para configurar estratégias específicas com base no ambiente de execução.

Configuração de Múltiplas GPUs

GPUs são amplamente usadas no aprendizado profundo devido à sua capacidade de realizar operações matemáticas intensivas em paralelo. Usar múltiplas GPUs para treinamento distribuído é uma das formas mais comuns de acelerar o processo.

Estratégia MirroredStrategy

A estratégia tf.distribute.MirroredStrategy permite distribuir o treinamento entre várias GPUs em uma única máquina. Todos os dispositivos processam lotes de dados diferentes em paralelo e sincronizam os gradientes após cada iteração.

python

```python
import tensorflow as tf
from tensorflow.keras import Sequential
from tensorflow.keras.layers import Dense, Flatten

# Configurando a estratégia para múltiplas GPUs
strategy = tf.distribute.MirroredStrategy()

# Criando e treinando o modelo dentro do escopo da estratégia
with strategy.scope():
    model = Sequential([
        Flatten(input_shape=(28, 28)),
        Dense(128, activation='relu'),
        Dense(10, activation='softmax')
    ])
    model.compile(optimizer='adam',
```

```
loss='sparse_categorical_crossentropy', metrics=['accuracy'])
# Gerando dados fictícios
import numpy as np
X_train = np.random.random((10000, 28, 28))
y_train = np.random.randint(0, 10, (10000,))

# Treinando o modelo
model.fit(X_train, y_train, epochs=10, batch_size=64)
```

Ao usar essa estratégia, o TensorFlow distribui automaticamente os lotes de dados entre as GPUs disponíveis, enquanto mantém a consistência nos pesos do modelo.

Configuração de Clusters de Computação

Clusters de computação permitem o treinamento em larga escala, distribuindo o trabalho entre várias máquinas, cada uma com uma ou mais GPUs. Essa abordagem é útil para datasets e modelos extremamente grandes.

Estratégia MultiWorkerMirroredStrategy

A estratégia tf.distribute.MultiWorkerMirroredStrategy permite que várias máquinas colaborem no treinamento, sincronizando os gradientes após cada iteração.

Configuração do Cluster

O cluster precisa ser configurado com uma definição que especifica as máquinas e suas funções (por exemplo, trabalhador ou servidor principal):

python

```
import json
```

```
cluster_spec = {
   "worker": ["worker1:12345", "worker2:12345"]
}
with open("cluster.json", "w") as f:
   json.dump(cluster_spec, f)
```

A variável de ambiente TF_CONFIG é usada para informar ao TensorFlow sobre o cluster:

bash

```
export TF_CONFIG='{
   "cluster": {
      "worker": ["worker1:12345", "worker2:12345"]
   },
   "task": {"type": "worker", "index": 0}
}'
```

Treinamento Distribuído

Dentro do código Python, o treinamento é configurado com a estratégia MultiWorkerMirroredStrategy:

python

```
strategy = tf.distribute.MultiWorkerMirroredStrategy()

with strategy.scope():
   model = Sequential([
      Flatten(input_shape=(28, 28)),
      Dense(128, activation='relu'),
      Dense(10, activation='softmax')
   ])
   model.compile(optimizer='adam',
loss='sparse_categorical_crossentropy', metrics=['accuracy'])

model.fit(X_train, y_train, epochs=10, batch_size=64)
```

Essa configuração permite que várias máquinas trabalhem juntas no treinamento do modelo, compartilhando gradientes de forma eficiente.

Aceleração do Treinamento para Grandes Datasets

Grandes datasets são desafiadores devido ao tempo necessário para carregá-los e processá-los. Para otimizar o desempenho, estratégias adicionais podem ser aplicadas:

Pré-processamento de Dados com tf.data

A API tf.data é usada para criar pipelines de dados eficientes, que podem ser integrados ao treinamento distribuído.

python

```python
dataset = tf.data.Dataset.from_tensor_slices((X_train, y_train))
dataset =
dataset.shuffle(buffer_size=10000).batch(64).prefetch(buffer_si
ze=tf.data.AUTOTUNE)
```

Uso de TPUs

TPUs (Tensor Processing Units) são aceleradores especializados para aprendizado profundo. O TensorFlow facilita o uso de TPUs por meio da estratégia TPUStrategy.

python

```python
resolver =
tf.distribute.cluster_resolver.TPUClusterResolver(tpu='your_tp
u_name')
tf.config.experimental_connect_to_cluster(resolver)
tf.tpu.experimental.initialize_tpu_system(resolver)

strategy = tf.distribute.TPUStrategy(resolver)
```

```
with strategy.scope():
  model = Sequential([
    Flatten(input_shape=(28, 28)),
    Dense(128, activation='relu'),
    Dense(10, activation='softmax')
  ])
  model.compile(optimizer='adam',
loss='sparse_categorical_crossentropy', metrics=['accuracy'])

model.fit(X_train, y_train, epochs=10, batch_size=128)
```

Checkpoints para Recuperação de Treinamento

Salvar checkpoints durante o treinamento garante que o processo possa ser retomado em caso de falha. O TensorFlow oferece suporte para isso:

python

```
checkpoint_path = "training_checkpoints/cp-{epoch:04d}.ckpt"

cp_callback = tf.keras.callbacks.ModelCheckpoint(
    filepath=checkpoint_path,
    save_weights_only=True,
    verbose=1
)

model.fit(X_train, y_train, epochs=10, batch_size=64,
callbacks=[cp_callback])
```

Monitoramento do Treinamento Distribuído

O TensorBoard pode ser usado para monitorar métricas de treinamento em tempo real, mesmo em configurações distribuídas:

python

```
log_dir = "./logs"
```

```
tensorboard_callback =
tf.keras.callbacks.TensorBoard(log_dir=log_dir)

model.fit(X_train, y_train, epochs=10, batch_size=64,
callbacks=[tensorboard_callback])
```

O treinamento distribuído é uma ferramenta poderosa para lidar com os desafios de escalabilidade no aprendizado profundo. Com o suporte robusto do TensorFlow, é possível configurar ambientes eficientes para usar múltiplas GPUs, TPUs ou clusters inteiros. Essa abordagem não apenas acelera o treinamento, mas também permite explorar modelos mais complexos e datasets maiores, abrindo novos horizontes no desenvolvimento de soluções baseadas em aprendizado profundo.

CAPÍTULO 18: EXPORTAÇÃO E DEPLOY DE MODELOS

A exportação e o deploy de modelos são etapas cruciais no ciclo de vida de um modelo de aprendizado profundo. Uma vez que o treinamento esteja concluído, o modelo precisa ser disponibilizado para consumo, seja por aplicações locais ou em um ambiente de produção na nuvem. O TensorFlow oferece ferramentas robustas para exportar modelos em formatos compatíveis e realizar o deploy usando TensorFlow Serving, APIs ou serviços de nuvem.

Exportação com SavedModel

O formato SavedModel é o padrão do TensorFlow para salvar modelos treinados. Ele preserva a arquitetura, os pesos e as informações necessárias para continuar o treinamento ou realizar inferências. O SavedModel é altamente flexível, suportando APIs de diferentes linguagens, como Python, C++ e Java.

Salvando um Modelo

Após o treinamento, um modelo pode ser salvo no formato SavedModel usando o método model.save():

python

```
import tensorflow as tf
from tensorflow.keras import Sequential
from tensorflow.keras.layers import Dense
```

```python
# Criando e treinando um modelo simples
model = Sequential([
    Dense(128, activation='relu', input_shape=(100,)),
    Dense(10, activation='softmax')
])
```

```python
model.compile(optimizer='adam',
loss='sparse_categorical_crossentropy', metrics=['accuracy'])
```

```python
# Dados fictícios
import numpy as np
X_train = np.random.random((1000, 100))
y_train = np.random.randint(0, 10, size=(1000,))
```

```python
model.fit(X_train, y_train, epochs=5, batch_size=32)
```

```python
# Salvando o modelo no formato SavedModel
model.save("saved_model/my_model")
```

O diretório saved_model/my_model conterá o modelo salvo, incluindo os pesos, a arquitetura e os metadados.

Carregando um Modelo SavedModel

Um modelo salvo pode ser carregado para continuar o treinamento ou realizar inferências:

python

```python
# Carregando o modelo salvo
loaded_model = tf.keras.models.load_model("saved_model/my_model")
```

```python
# Realizando inferências com o modelo carregado
predictions = loaded_model.predict(X_train[:10])
print(predictions)
```

Conversão para Outros Formatos

O TensorFlow Lite e o TensorFlow.js permitem que os modelos sejam usados em dispositivos móveis, embarcados e navegadores da web. Para converter um modelo para TensorFlow Lite:

python

```python
converter =
tf.lite.TFLiteConverter.from_saved_model("saved_model/
my_model")
tflite_model = converter.convert()

# Salvando o modelo no formato TFLite
with open("model.tflite", "wb") as f:
    f.write(tflite_model)
```

Para exportar para TensorFlow.js:

bash

```bash
pip install tensorflowjs
tensorflowjs_converter --input_format=tf_saved_model --
output_node_names='dense_1' --saved_model_tags=serve ./
saved_model/my_model ./tfjs_model
```

Deploy Usando TensorFlow Serving

TensorFlow Serving é uma plataforma de deploy que fornece uma API REST para servir modelos treinados. Ele é otimizado para alto desempenho e escalabilidade, sendo ideal para produção.

Configuração do TensorFlow Serving

Para usar o TensorFlow Serving, é necessário instalá-lo. Em sistemas baseados em Linux, a instalação pode ser feita via Docker:

bash

```
docker pull tensorflow/serving
```

Servindo um Modelo

Para servir um modelo salvo, inicie o TensorFlow Serving especificando o caminho do modelo:

bash

```
docker run -p 8501:8501 --name=tf_serving --mount
type=bind,source=$(pwd)/saved_model/my_model,target=/
models/my_model -e MODEL_NAME=my_model -t tensorflow/
serving
```

O modelo estará disponível na API REST em http://localhost:8501/v1/models/my_model:predict.

Realizando Inferências com TensorFlow Serving

Depois que o modelo está sendo servido, use ferramentas como curl ou bibliotecas Python para enviar requisições de inferência:

python

```python
import requests
import numpy as np

# Dados de entrada para inferência
data = {
    "instances": np.random.random((1, 100)).tolist()
}

# Requisição para a API REST
response = requests.post("http://localhost:8501/v1/models/
my_model:predict", json=data)
print("Resultado da inferência:", response.json())
```

Deploy na Nuvem

Além de TensorFlow Serving, serviços em nuvem oferecem soluções completas para deploy de modelos. Plataformas como Google Cloud AI Platform, AWS SageMaker e Azure Machine Learning simplificam o processo de escalar modelos para milhões de usuários.

Deploy no Google Cloud AI Platform

O Google Cloud AI Platform permite importar modelos diretamente no formato SavedModel e expô-los como APIs REST.

Preparar o Ambiente
Certifique-se de ter o SDK do Google Cloud instalado e autenticado:

bash

```
gcloud auth login
```

Fazer Upload do Modelo
Envie o modelo para o bucket do Google Cloud Storage:

bash

```
gsutil cp -r saved_model/my_model gs://your-bucket-name/my_model
```

Criar um Endpoint
Registre o modelo no AI Platform:

bash

```
gcloud ai models upload --region=us-central1 --display-name=my_model --artifact-uri=gs://your-bucket-
```

name/my_model

Servir o Modelo
Crie um endpoint para o modelo:

bash

```
gcloud ai endpoints create --region=us-central1 --display-name=my_endpoint
```

Fazer Inferências
Envie dados para o endpoint criado:

python

```
from google.cloud import aiplatform

endpoint = aiplatform.Endpoint("projects/your-project-id/locations/us-central1/endpoints/your-endpoint-id")
response = endpoint.predict([{"input_data": np.random.random((100,)).tolist()}])
print("Resultado da inferência:", response.predictions)
```

Deploy em Outras Nuvens

Outras plataformas como AWS SageMaker e Azure Machine Learning também oferecem suporte para TensorFlow e integração direta com ferramentas de deploy e escalabilidade.

Monitoramento e Atualização de Modelos

Após o deploy, é importante monitorar o desempenho do modelo e atualizá-lo conforme necessário. Algumas práticas incluem:

- **Monitoramento Contínuo**: Use ferramentas como o Google Cloud Monitoring para acompanhar métricas de uso e desempenho.
- **Atualização de Modelos**: Reimporte novos modelos para os endpoints existentes para atualizações sem interrupção.
- **Versionamento**: Salve versões de modelos para rastrear mudanças e permitir reprocessamento com modelos antigos.

Exportar e realizar o deploy de modelos é um passo crucial para transformar modelos de aprendizado profundo em soluções práticas e escaláveis. Com o suporte do TensorFlow e ferramentas como TensorFlow Serving e serviços em nuvem, desenvolvedores podem implementar modelos em ambientes de produção, garantindo alta disponibilidade e desempenho. A flexibilidade do TensorFlow para integração com diversas plataformas faz dele uma escolha robusta para deploy em larga escala.

CAPÍTULO 19: OPTIMIZERS
E LOSS FUNCTIONS

Otimizadores e funções de perda são componentes essenciais no treinamento de redes neurais. Juntos, eles determinam como o modelo ajusta seus pesos para minimizar o erro e alcançar melhores resultados. A escolha correta de um otimizador e de uma função de perda pode impactar significativamente a performance do modelo, influenciando a velocidade de convergência, a precisão e a estabilidade do treinamento.

Análise dos Principais Otimizadores

Os otimizadores ajustam os pesos das redes neurais com base nos gradientes calculados durante o treinamento. Eles implementam diferentes estratégias para determinar como esses ajustes são feitos. Entre os otimizadores mais utilizados estão o SGD, Adam e RMSprop.

Stochastic Gradient Descent (SGD)

O SGD é um dos otimizadores mais básicos e amplamente utilizados. Ele ajusta os pesos iterativamente, com base em pequenos subconjuntos do dataset, chamados de minibatches. Isso reduz o custo computacional por iteração em comparação com o cálculo do gradiente em todo o dataset.

python

```
import tensorflow as tf
```

```
# Configurando o otimizador SGD
optimizer = tf.keras.optimizers.SGD(learning_rate=0.01,
momentum=0.9)
```

O uso de momentum no SGD permite que ele considere gradientes anteriores, ajudando a superar mínimos locais e acelerando a convergência.

Adam (Adaptive Moment Estimation)

Adam combina os benefícios do RMSprop e do SGD com momentum. Ele ajusta a taxa de aprendizado de cada peso individualmente com base em gradientes acumulados e suas variâncias. Isso resulta em um treinamento mais eficiente, especialmente para redes profundas e dados ruidosos.

python

```
# Configurando o otimizador Adam
optimizer = tf.keras.optimizers.Adam(learning_rate=0.001)
```

Adam é frequentemente a escolha padrão devido à sua robustez e capacidade de lidar com diferentes tipos de problemas de aprendizado.

RMSprop

O RMSprop adapta dinamicamente a taxa de aprendizado com base na magnitude dos gradientes recentes. Ele é amplamente utilizado em redes recorrentes, como LSTMs e GRUs, devido à sua capacidade de lidar bem com gradientes oscilantes.

python

```
# Configurando o otimizador RMSprop
optimizer = tf.keras.optimizers.RMSprop(learning_rate=0.001)
```

O RMSprop é eficaz em problemas com gradientes que variam amplamente em magnitude.

Comparação e Escolha de Otimizadores

A escolha do otimizador depende do problema específico e do comportamento dos dados:

- **SGD** é ideal para problemas menores e quando a simplicidade é necessária.
- **Adam** é altamente versátil e funciona bem para a maioria das tarefas.
- **RMSprop** é uma boa escolha para problemas que envolvem sequências ou gradientes altamente oscilantes.

Escolha de Funções de Perda para Diferentes Tarefas

As funções de perda calculam o erro entre as previsões do modelo e os valores reais. Elas orientam o treinamento ajustando os pesos para minimizar o erro. Cada tipo de problema requer uma função de perda adequada.

Regressão

Problemas de regressão preveem valores contínuos. As funções de perda mais comuns incluem:

1. **Mean Squared Error (MSE)**
   Calcula a média dos erros quadráticos. Penaliza erros grandes de forma mais severa, tornando-o adequado para problemas onde grandes desvios são indesejados.

python

```
# Configurando a função de perda MSE
loss = tf.keras.losses.MeanSquaredError()
```

2. **Mean Absolute Error (MAE)**
   Calcula a média dos erros absolutos, sendo mais robusto contra outliers do que o MSE.

python

```
# Configurando a função de perda MAE
loss = tf.keras.losses.MeanAbsoluteError()
```

Classificação

Problemas de classificação categorizam entradas em classes distintas. As funções de perda mais utilizadas incluem:

1. **Sparse Categorical Crossentropy**
   Adequada para problemas de classificação multiclasse com rótulos inteiros.

python

```
# Configurando a função de perda Sparse Categorical
Crossentropy
loss = tf.keras.losses.SparseCategoricalCrossentropy()
```

2. **Categorical Crossentropy**
   Usada quando os rótulos estão no formato one-hot encoding.

python

```
# Configurando a função de perda Categorical Crossentropy
loss = tf.keras.losses.CategoricalCrossentropy()
```

3. **Binary Crossentropy**
   Usada para problemas de classificação binária.

python

```
# Configurando a função de perda Binary Crossentropy
loss = tf.keras.losses.BinaryCrossentropy()
```

Detecção de Anomalias

Problemas de detecção de anomalias, como autoencoders, requerem funções de perda personalizadas para medir a reconstrução das entradas.

python

```
# Função de perda personalizada para autoencoders
def custom_loss(y_true, y_pred):
    return tf.reduce_mean(tf.square(y_true - y_pred))
```

Redes Generativas e Tarefas Avançadas

Modelos generativos, como GANs, usam funções de perda especializadas para os geradores e discriminadores:

python

```
# Função de perda para o discriminador
discriminator_loss = tf.keras.losses.BinaryCrossentropy()
```

```
# Função de perda para o gerador
generator_loss = tf.keras.losses.BinaryCrossentropy()
```

Configuração do Otimizador e Função de Perda no Modelo

Otimizadores e funções de perda são configurados no método compile do modelo Keras:

python

```
model.compile(optimizer='adam',
loss='sparse_categorical_crossentropy', metrics=['accuracy'])
```

Ajuste e Monitoramento Durante o Treinamento

Ajustar hiperparâmetros como a taxa de aprendizado é essencial para alcançar os melhores resultados. Callbacks, como o LearningRateScheduler, permitem ajustes dinâmicos:

python

```
# Ajustando a taxa de aprendizado dinamicamente
def scheduler(epoch, lr):
    if epoch < 10:
        return lr
    else:
        return lr * tf.math.exp(-0.1)

lr_callback                                    =
tf.keras.callbacks.LearningRateScheduler(scheduler)
model.fit(X_train, y_train, epochs=20, callbacks=[lr_callback])
```

Monitoramento com TensorBoard

O TensorBoard pode ser usado para visualizar métricas relacionadas ao otimizador e à função de perda durante o treinamento:

python

```
log_dir = "./logs"
tensorboard_callback =
tf.keras.callbacks.TensorBoard(log_dir=log_dir)

model.fit(X_train, y_train, epochs=10,
callbacks=[tensorboard_callback])
```

Otimizadores e funções de perda são pilares no treinamento de redes neurais. Entender suas características e escolher as opções mais adequadas para cada problema é essencial para alcançar um desempenho ideal. A combinação de otimizadores robustos, funções de perda apropriadas e estratégias de ajuste eficazes garante modelos mais precisos e eficientes, preparados para resolver os desafios mais complexos do aprendizado profundo.

CAPÍTULO 20: BENCHMARKING E OTIMIZAÇÃO

Desempenho eficiente é essencial em projetos de aprendizado profundo, especialmente ao trabalhar com grandes datasets e modelos complexos. Identificar gargalos de desempenho e aplicar otimizações práticas pode reduzir o tempo de treinamento, melhorar a capacidade de inferência e otimizar o uso de recursos computacionais. Este capítulo aborda as técnicas de benchmarking e as estratégias de otimização para alcançar a máxima eficiência.

Identificação de Gargalos de Desempenho

Antes de implementar qualquer otimização, é fundamental entender onde o desempenho do modelo está sendo limitado. Os principais gargalos podem ser categorizados em três áreas: computação, memória e entrada/saída.

Benchmarking no TensorFlow

O TensorFlow fornece ferramentas para monitorar o desempenho do treinamento e identificar possíveis gargalos. A API tf.profiler é uma solução robusta para capturar informações detalhadas sobre o uso de recursos durante o treinamento.

Uso do Profiler

O Profiler permite rastrear a execução do modelo e gerar

relatórios detalhados. Ele pode ser ativado diretamente no código:

python

```
import tensorflow as tf

# Configurando o Profiler
log_dir = "./logs"
tf.profiler.experimental.start(log_dir)

# Treinando o modelo
model = tf.keras.Sequential([
    tf.keras.layers.Dense(128, activation='relu',
input_shape=(100,)),
    tf.keras.layers.Dense(10, activation='softmax')
])
model.compile(optimizer='adam',
loss='sparse_categorical_crossentropy', metrics=['accuracy'])

X_train = tf.random.normal((1000, 100))
y_train = tf.random.uniform((1000,), minval=0, maxval=10,
dtype=tf.int32)

model.fit(X_train, y_train, epochs=5, batch_size=32)

# Finalizando o Profiler
tf.profiler.experimental.stop()
```

Depois de configurado, o relatório pode ser visualizado no TensorBoard, identificando onde o modelo gasta mais tempo.

Monitoramento de Métricas Essenciais

Monitorar métricas como uso de CPU, GPU, memória e tempo de E/S ajuda a identificar gargalos específicos:

- **Uso da GPU**: Monitore o uso da GPU com ferramentas como nvidia-smi.

- **Latência de E/S**: Identifique se o carregamento de dados é um gargalo utilizando o pipeline tf.data com prefetch.
- **Memória**: Monitore o consumo de memória para evitar estouros e otimizar alocações.

Otimizações Práticas para Maior Eficiência Computacional

Após identificar os gargalos, é hora de implementar otimizações que aumentem a eficiência computacional. As estratégias variam desde ajustes de hiperparâmetros até a reformulação do pipeline de treinamento.

Otimização do Pipeline de Dados

Um pipeline de dados eficiente é crucial para evitar que o carregamento de dados se torne um gargalo.

Uso de tf.data para Manipulação de Dados

A API tf.data é projetada para construir pipelines otimizados que podem ser usados diretamente no treinamento do modelo.

python

```
dataset = tf.data.Dataset.from_tensor_slices((X_train, y_train))
dataset =
dataset.shuffle(buffer_size=10000).batch(32).prefetch(buffer_si
ze=tf.data.AUTOTUNE)
```

O método prefetch permite que os dados sejam carregados em paralelo à execução do modelo, reduzindo o tempo ocioso.

Armazenamento em Cache

Para datasets que cabem na memória, o método cache pode ser usado para evitar leituras repetidas do disco:

python

```
dataset =
dataset.cache().prefetch(buffer_size=tf.data.AUTOTUNE)
```

Uso de Mixed Precision

O treinamento com precisão mista (Mixed Precision) utiliza números de ponto flutuante de 16 bits (float16) em vez de 32 bits (float32), reduzindo o uso de memória e acelerando os cálculos. No TensorFlow, isso pode ser habilitado com tf.keras.mixed_precision.

python

```
from tensorflow.keras.mixed_precision import set_global_policy

# Configurando o uso de precisão mista
set_global_policy('mixed_float16')

# Criando um modelo com precisão mista
model = tf.keras.Sequential([
    tf.keras.layers.Dense(128, activation='relu',
input_shape=(100,)),
    tf.keras.layers.Dense(10, activation='softmax')
])
model.compile(optimizer='adam',
loss='sparse_categorical_crossentropy', metrics=['accuracy'])
```

Uso de Paralelismo

O paralelismo pode ser aplicado em várias etapas do treinamento para acelerar o processamento.

Treinamento Distribuído com Múltiplas GPUs

Usar várias GPUs permite dividir o trabalho, aumentando a eficiência:

python

```
strategy = tf.distribute.MirroredStrategy()

with strategy.scope():
    model = tf.keras.Sequential([
        tf.keras.layers.Dense(128, activation='relu',
input_shape=(100,)),
        tf.keras.layers.Dense(10, activation='softmax')
    ])
    model.compile(optimizer='adam',
loss='sparse_categorical_crossentropy', metrics=['accuracy'])
```

Paralelismo no Pipeline de Dados

O método map pode ser usado para aplicar transformações em paralelo no pipeline de dados:

python

```
dataset = dataset.map(lambda x, y: (x / 255.0, y),
num_parallel_calls=tf.data.AUTOTUNE)
```

Otimização do Modelo

Modelos podem ser otimizados para reduzir a complexidade sem sacrificar significativamente a precisão.

Regularização e Dropout

A regularização evita o overfitting, enquanto o Dropout reduz a complexidade do modelo:

python

```python
from tensorflow.keras.layers import Dropout

model = tf.keras.Sequential([
    tf.keras.layers.Dense(128, activation='relu',
input_shape=(100,)),
    tf.keras.layers.Dropout(0.5),
    tf.keras.layers.Dense(10, activation='softmax')
])
```

Quantização

A quantização reduz a precisão dos pesos para otimizar modelos para dispositivos com recursos limitados:

python

```python
converter =
tf.lite.TFLiteConverter.from_saved_model("saved_model/
my_model")
converter.optimizations = [tf.lite.Optimize.DEFAULT]
tflite_model = converter.convert()

with open("quantized_model.tflite", "wb") as f:
    f.write(tflite_model)
```

Acompanhamento e Refinamento Contínuos

Monitorar continuamente o desempenho e ajustar as otimizações conforme necessário é essencial para manter a eficiência.

Callback para Ajustar Taxa de Aprendizado

Callbacks podem ajustar dinamicamente a taxa de aprendizado:

python

```
lr_scheduler =
tf.keras.callbacks.LearningRateScheduler(lambda epoch: 1e-3 *
10**(-epoch / 20))
model.fit(X_train, y_train, epochs=10, callbacks=[lr_scheduler])
```

TensorBoard para Análise de Desempenho

O TensorBoard ajuda a visualizar métricas de desempenho e identificar gargalos:

python

```
tensorboard_callback =
tf.keras.callbacks.TensorBoard(log_dir="./logs")
model.fit(X_train, y_train, epochs=10,
callbacks=[tensorboard_callback])
```

Benchmarking e otimização são processos contínuos que garantem que modelos de aprendizado profundo sejam treinados e executados de maneira eficiente. Ao identificar gargalos e aplicar estratégias práticas, é possível reduzir custos computacionais, acelerar o treinamento e implementar soluções mais escaláveis. Aproveitar as ferramentas e técnicas do TensorFlow para monitorar, otimizar e refinar modelos é uma habilidade essencial para qualquer desenvolvedor ou cientista de dados que deseja maximizar o potencial de suas soluções.

CAPÍTULO 21: SEGURANÇA E ROBUSTEZ EM MODELOS

À medida que modelos de aprendizado profundo se tornam mais amplamente utilizados em aplicações críticas, como saúde, finanças e segurança pública, garantir sua robustez e proteção contra ataques adversários é uma prioridade. Este capítulo aborda técnicas para prevenir ataques, testar a robustez dos modelos e implementar estratégias para aumentar sua confiabilidade em cenários reais.

Prevenção de Ataques Adversários

Modelos de aprendizado profundo são vulneráveis a ataques adversários, nos quais pequenas perturbações nos dados de entrada podem levar a resultados incorretos ou inesperados. Esses ataques podem ser divididos em categorias, como ataques de evitação (evasão), ataques de extração e ataques de envenenamento.

Ataques de Evitação

Ataques de evitação são projetados para enganar o modelo durante a inferência. Por exemplo, uma imagem pode ser modificada de maneira imperceptível para humanos, mas que resulta em classificações incorretas pelo modelo.

Gerando Exemplos Adversários

No TensorFlow, exemplos adversários podem ser gerados usando gradientes de entrada para criar perturbações calculadas:

python

```
import tensorflow as tf

# Carregando um modelo treinado
model = tf.keras.models.load_model("saved_model/my_model")

# Definindo uma função para gerar exemplos adversários
def create_adversarial_example(model, input_image,
target_label, epsilon=0.1):
    input_image = tf.convert_to_tensor(input_image)
    target_label = tf.convert_to_tensor(target_label)

    with tf.GradientTape() as tape:
        tape.watch(input_image)
        prediction = model(input_image)
        loss = tf.keras.losses.SparseCategoricalCrossentropy()
(target_label, prediction)

        gradient = tape.gradient(loss, input_image)
        adversarial_image = input_image + epsilon * tf.sign(gradient)
        return tf.clip_by_value(adversarial_image, 0, 1)

# Gerando uma imagem adversária
adversarial_image = create_adversarial_example(model,
input_image, target_label)
```

Prevenção de Ataques de Evitação

Medidas para proteger modelos contra ataques de evitação incluem:

1. **Treinamento Adversário**
   Adicione exemplos adversários ao treinamento para

melhorar a robustez do modelo:

python

```
# Criando um pipeline de dados com exemplos adversários
def adversarial_training_data(dataset, model):
    augmented_data = []
    for image, label in dataset:
        adversarial_image = create_adversarial_example(model,
image, label)
        augmented_data.append((adversarial_image, label))
    return tf.data.Dataset.from_tensor_slices(augmented_data)
```

2. **Regularização de Gradientes**
   Aumente a penalidade sobre grandes gradientes para
   reduzir a sensibilidade a pequenas alterações:

python

```
def gradient_regularization_loss(y_true, y_pred, gradients,
lambda_reg=0.01):
    base_loss = tf.keras.losses.SparseCategoricalCrossentropy()
(y_true, y_pred)
    grad_loss = lambda_reg *
tf.reduce_mean(tf.square(gradients))
    return base_loss + grad_loss
```

Ataques de Extração

Ataques de extração ocorrem quando um invasor tenta replicar
o comportamento do modelo sem acesso direto aos dados de
treinamento. Para mitigar esse risco:

- **Limite o Acesso às Inferências**: Reduza a granularidade
  das previsões retornando apenas rótulos em vez de
  probabilidades.

- **Monitoramento de Solicitações**: Implemente limites para o número de solicitações permitidas de um cliente ou IP.

Ataques de Envenenamento

Ataques de envenenamento manipulam os dados de treinamento para influenciar os resultados do modelo. Prevenção inclui:

- **Verificação dos Dados de Treinamento**: Realize verificações de integridade nos dados antes de usá-los para treinamento.
- **Treinamento Diferencialmente Privado**: Aplique técnicas que limitam o impacto de um único ponto de dados nos pesos do modelo.

Testes de Robustez

Testar a robustez de modelos é essencial para garantir seu desempenho em cenários críticos. Testes incluem a exposição do modelo a entradas inesperadas, como dados ruidosos, desbalanceados ou fora da distribuição.

Testes com Dados Ruidosos

Adicione ruído às entradas para verificar a estabilidade do modelo:

python

```python
def add_noise_to_data(data, noise_factor=0.1):
    noise = noise_factor *
tf.random.normal(shape=tf.shape(data))
    return tf.clip_by_value(data + noise, 0, 1)

# Testando o modelo com dados ruidosos
noisy_data = add_noise_to_data(X_test)
predictions = model.predict(noisy_data)
```

Testes com Dados Fora da Distribuição

Dados fora da distribuição (out-of-distribution) são entradas que não foram representadas no treinamento. Testar com esses dados avalia a capacidade do modelo de lidar com entradas inesperadas.

python

```
# Gerando dados fora da distribuição
ood_data = tf.random.uniform((100, 28, 28, 1), minval=0,
maxval=1)

# Realizando inferências com o modelo
ood_predictions = model.predict(ood_data)
```

Métricas de Robustez

Utilize métricas como acurácia adversária e confiança média em dados fora da distribuição para avaliar a robustez.

Aumentando a Confiabilidade de Modelos em Cenários Críticos

A confiabilidade é especialmente importante em aplicações onde erros podem ter consequências graves, como saúde ou segurança.

Detecção de Anomalias

Adicione um sistema de detecção de anomalias para identificar entradas que o modelo pode não ser capaz de classificar corretamente:

python

```
def detect_anomalies(predictions, threshold=0.7):
```

```
confidences = tf.reduce_max(predictions, axis=1)
return tf.where(confidences < threshold)
```

Implementação de Modelos de Comitê

Modelos de comitê combinam previsões de vários modelos para aumentar a confiabilidade:

python

```
models = [model1, model2, model3]

def ensemble_prediction(models, input_data):
    predictions = [m.predict(input_data) for m in models]
    return tf.reduce_mean(predictions, axis=0)
```

Monitoramento em Tempo Real

Implante sistemas de monitoramento para capturar e analisar o desempenho do modelo em tempo real:

python

```
import time

def monitor_predictions(model, stream_data):
    for data in stream_data:
        start_time = time.time()
        prediction = model.predict(data)
        latency = time.time() - start_time
        print(f"Prediction: {prediction}, Latency: {latency}")
```

Garantir a segurança e robustez de modelos de aprendizado profundo é uma tarefa fundamental em aplicações críticas. Prevenir ataques adversários, testar a resiliência do modelo a entradas inesperadas e implementar práticas para aumentar sua confiabilidade são passos essenciais para criar soluções seguras e confiáveis. À medida que os modelos se tornam mais integrados ao cotidiano, sua proteção contra ameaças e sua estabilidade em cenários críticos se tornam prioridades indispensáveis.

CAPÍTULO 22: ESTUDOS DE CASO

O aprendizado profundo evoluiu significativamente, com aplicações práticas em diversas áreas. Este capítulo apresenta estudos de caso reais que demonstram como o TensorFlow pode ser usado para resolver problemas complexos em classificação de dados, processamento de linguagem natural (NLP) e visão computacional. Esses exemplos são elaborados para fornecer uma compreensão prática das capacidades do TensorFlow e como integrá-lo a projetos do mundo real.

Aplicação 1: Classificação de Dados de Saúde

A classificação de dados de saúde é crucial em diagnósticos médicos, como a detecção de doenças com base em sinais vitais ou exames laboratoriais. Aqui, implementamos uma solução para classificar pacientes em categorias baseadas em um conjunto de características de saúde.

Configuração do Dataset

Um dataset fictício de saúde é carregado e processado para treinamento:

python

```python
import tensorflow as tf
import numpy as np
from sklearn.model_selection import train_test_split

# Gerando dados fictícios
np.random.seed(42)
```

```
X = np.random.rand(1000, 10)  # 10 características
y = np.random.randint(0, 2, 1000)  # Rótulos binários (0 ou 1)

# Dividindo o dataset em treino e teste
X_train, X_test, y_train, y_test = train_test_split(X, y,
test_size=0.2, random_state=42)
```

Construção do Modelo

Um modelo simples de rede neural é usado para classificação:

python

```
model = tf.keras.Sequential([
    tf.keras.layers.Dense(64, activation='relu',
input_shape=(10,)),
    tf.keras.layers.Dropout(0.3),
    tf.keras.layers.Dense(32, activation='relu'),
    tf.keras.layers.Dense(1, activation='sigmoid')  # Saída binária
])

model.compile(optimizer='adam', loss='binary_crossentropy',
metrics=['accuracy'])
```

Treinamento e Avaliação

O modelo é treinado com o dataset processado:

python

```
model.fit(X_train, y_train, epochs=20, batch_size=32,
validation_data=(X_test, y_test))

# Avaliação no dataset de teste
test_loss, test_accuracy = model.evaluate(X_test, y_test)
print(f"Acurácia no teste: {test_accuracy}")
```

Aplicação 2: Processamento de Linguagem Natural (NLP)

Neste estudo de caso, implementamos um modelo para análise de sentimentos usando um dataset de textos curtos. Essa tarefa é amplamente aplicada em análises de mídias sociais e feedback de clientes.

Configuração do Dataset

O TensorFlow oferece ferramentas para carregar e processar texto facilmente:

python

```
from tensorflow.keras.preprocessing.text import Tokenizer
from tensorflow.keras.preprocessing.sequence import
pad_sequences

# Dados fictícios de comentários e seus rótulos
texts = ["The service was great", "I am very disappointed",
"Amazing experience", "Not worth the money"]
labels = [1, 0, 1, 0] # 1 para positivo, 0 para negativo

# Tokenizando os textos
tokenizer = Tokenizer(num_words=1000)
tokenizer.fit_on_texts(texts)
sequences = tokenizer.texts_to_sequences(texts)

# Padding das sequências para o mesmo comprimento
X = pad_sequences(sequences, maxlen=10)
y = np.array(labels)
```

Construção do Modelo

Um modelo LSTM é usado para capturar dependências sequenciais no texto:

python

```
model = tf.keras.Sequential([
```

```
    tf.keras.layers.Embedding(input_dim=1000,
output_dim=64, input_length=10),
    tf.keras.layers.LSTM(64, return_sequences=True),
    tf.keras.layers.LSTM(32),
    tf.keras.layers.Dense(1, activation='sigmoid') # Saída binária
])

model.compile(optimizer='adam', loss='binary_crossentropy',
metrics=['accuracy'])
```

Treinamento e Inferência

Após o treinamento, o modelo é usado para classificar novos textos:

python

```
model.fit(X, y, epochs=10, batch_size=2)

# Inferência em novos textos
new_texts = ["The product is amazing", "Terrible experience"]
new_sequences = tokenizer.texts_to_sequences(new_texts)
new_data = pad_sequences(new_sequences, maxlen=10)

predictions = model.predict(new_data)
print("Predições:", predictions)
```

Aplicação 3: Visão Computacional

A visão computacional é amplamente utilizada em tarefas como classificação de imagens, detecção de objetos e segmentação semântica. Neste estudo de caso, implementamos um classificador de imagens usando o dataset MNIST.

Configuração do Dataset

O dataset MNIST é carregado e preprocessado:

python

```
from tensorflow.keras.datasets import mnist
```

```
# Carregando o dataset
(X_train, y_train), (X_test, y_test) = mnist.load_data()
```

```
# Normalizando as imagens
X_train = X_train / 255.0
X_test = X_test / 255.0
```

```
# Expandindo as dimensões para compatibilidade com
convoluções
X_train = X_train[..., np.newaxis]
X_test = X_test[..., np.newaxis]
```

Construção do Modelo

Um modelo de rede neural convolucional (CNN) é usado para classificar os dígitos:

python

```
model = tf.keras.Sequential([
    tf.keras.layers.Conv2D(32, (3, 3), activation='relu',
input_shape=(28, 28, 1)),
    tf.keras.layers.MaxPooling2D((2, 2)),
    tf.keras.layers.Conv2D(64, (3, 3), activation='relu'),
    tf.keras.layers.MaxPooling2D((2, 2)),
    tf.keras.layers.Flatten(),
    tf.keras.layers.Dense(128, activation='relu'),
    tf.keras.layers.Dense(10, activation='softmax')  # 10 classes
para os dígitos
])
```

```
model.compile(optimizer='adam',
loss='sparse_categorical_crossentropy', metrics=['accuracy'])
```

Treinamento e Avaliação

O modelo é treinado com o dataset MNIST:

python

```
model.fit(X_train, y_train, epochs=10, batch_size=64,
validation_data=(X_test, y_test))

# Avaliação no dataset de teste
test_loss, test_accuracy = model.evaluate(X_test, y_test)
print(f"Acurácia no teste: {test_accuracy}")
```

Implementação em Tempo Real

Para demonstração prática, o modelo pode ser usado em aplicações de reconhecimento de dígitos manuscritos em tempo real, como em tablets ou dispositivos IoT.

Conclusão dos Estudos de Caso

Esses estudos de caso mostram a versatilidade do TensorFlow em resolver problemas reais em diferentes domínios. Seja na classificação de dados de saúde, na análise de sentimentos ou na visão computacional, o TensorFlow fornece as ferramentas necessárias para implementar soluções robustas e escaláveis. Ao dominar essas técnicas, você estará preparado para enfrentar desafios complexos e criar aplicações impactantes no mundo real.

CAPÍTULO 23: TENSORFLOW E O FUTURO DA IA

O TensorFlow continua a ser uma das ferramentas mais influentes no avanço da inteligência artificial (IA), moldando o futuro do aprendizado de máquina com sua capacidade de inovar em diversos domínios. À medida que a IA se expande para novos horizontes, como computação quântica, aprendizado federado e IA generativa, o TensorFlow evolui para atender às demandas dessas áreas emergentes. Este capítulo explora as tendências mais recentes no desenvolvimento de IA, destacando como o TensorFlow está preparado para desempenhar um papel central no futuro.

Tendências Emergentes no TensorFlow

O TensorFlow está na vanguarda de tendências tecnológicas que prometem transformar a IA nos próximos anos. Algumas dessas tendências incluem maior acessibilidade à IA, integração com tecnologias emergentes e aprimoramento de modelos para maior eficiência e escalabilidade.

Democratização da IA

Com o lançamento de bibliotecas como o TensorFlow Lite e TensorFlow.js, a IA se tornou acessível a desenvolvedores em dispositivos móveis e navegadores. Isso permite que soluções baseadas em IA alcancem uma base mais ampla de usuários, fomentando inovações em aplicativos móveis, dispositivos IoT e experiências na web.

Uso do TensorFlow Lite

O TensorFlow Lite permite executar modelos otimizados em dispositivos com recursos limitados. Aplicações como reconhecimento de voz em smartphones e análise de imagens em dispositivos de borda já se beneficiam dessa tecnologia:

python

```python
import tensorflow as tf

# Convertendo um modelo para TensorFlow Lite
converter =
tf.lite.TFLiteConverter.from_saved_model("saved_model/
my_model")
tflite_model = converter.convert()

# Salvando o modelo
with open("model.tflite", "wb") as f:
    f.write(tflite_model)

# Inferência com TensorFlow Lite
interpreter = tf.lite.Interpreter(model_path="model.tflite")
interpreter.allocate_tensors()

input_details = interpreter.get_input_details()
output_details = interpreter.get_output_details()

# Prevendo com dados de entrada
interpreter.set_tensor(input_details[0]['index'], data)
interpreter.invoke()
output_data = interpreter.get_tensor(output_details[0]['index'])
```

IA em Dispositivos Web

TensorFlow.js permite que modelos sejam executados diretamente em navegadores, democratizando ainda mais o acesso à IA. Isso é particularmente útil em aplicações interativas, como jogos, ferramentas educacionais e interfaces baseadas em IA.

javascript

```javascript
// Carregando um modelo no TensorFlow.js
const model = await tf.loadLayersModel('https://example.com/model.json');

// Fazendo previsões
const inputTensor = tf.tensor([data]);
const prediction = model.predict(inputTensor);
prediction.print();
```

Avanços em Aprendizado Federado e Privacidade

Com o aumento das preocupações com privacidade, o aprendizado federado ganhou destaque. Essa abordagem permite que modelos sejam treinados diretamente em dispositivos dos usuários, sem que os dados precisem ser enviados para servidores centrais.

Treinamento Federado com TensorFlow Federated (TFF)

O TensorFlow Federated é uma extensão que facilita o treinamento de modelos em cenários distribuídos, preservando a privacidade dos dados.

python

```python
import tensorflow_federated as tff

# Configurando um modelo federado
def create_keras_model():
    return tf.keras.Sequential([
        tf.keras.layers.Dense(10, activation='softmax', input_shape=(784,))
    ])

# Definindo a tarefa federada
federated_data =
```

```
[tff.simulation.FromTensorSlicesClientData(data) for data in
local_datasets]
trainer =
tff.learning.build_federated_averaging_process(create_keras_m
odel)
state = trainer.initialize()
```

```
# Treinando o modelo federado
for round_num in range(1, 11):
    state, metrics = trainer.next(state, federated_data)
    print(f"Round {round_num}, metrics={metrics}")
```

IA Generativa e Modelos Fundamentais

A IA generativa e os modelos fundamentais, como GPT e BERT, são um marco na criação de conteúdo automatizado, desde texto até imagens e música. O TensorFlow continua a ser uma plataforma poderosa para treinar e implementar esses modelos avançados.

Treinamento de Modelos Generativos com TensorFlow

Com o TensorFlow, é possível implementar redes adversárias generativas (GANs) para criar imagens ou treinar modelos como GPT para geração de texto.

python

```
# Criando uma GAN para geração de imagens
generator = tf.keras.Sequential([
    tf.keras.layers.Dense(256, activation='relu',
input_shape=(100,)),
    tf.keras.layers.Reshape((16, 16, 1)),
    tf.keras.layers.Conv2DTranspose(128, (3, 3),
activation='relu', strides=(2, 2), padding='same'),
    tf.keras.layers.Conv2DTranspose(1, (3, 3), activation='tanh',
strides=(2, 2), padding='same')
])
```

```
discriminator = tf.keras.Sequential([
    tf.keras.layers.Conv2D(64, (3, 3), activation='relu',
input_shape=(64, 64, 1)),
    tf.keras.layers.Flatten(),
    tf.keras.layers.Dense(1, activation='sigmoid')
])

generator.compile(optimizer='adam',
loss='binary_crossentropy')
discriminator.compile(optimizer='adam',
loss='binary_crossentropy')
```

Computação Quântica e TensorFlow Quantum

A computação quântica é outra área emergente onde o TensorFlow desempenha um papel essencial. Com o TensorFlow Quantum, os pesquisadores podem integrar aprendizado profundo com circuitos quânticos.

Criação de Circuitos Quânticos com TensorFlow Quantum

O TensorFlow Quantum permite simular e treinar modelos híbridos que combinam computação clássica e quântica.

python

```
import tensorflow_quantum as tfq
import cirq

# Criando um circuito quântico
qubits = [cirq.GridQubit(0, 0)]
circuit = cirq.Circuit(cirq.X(qubits[0]) ** 0.5)

# Convertendo o circuito para TensorFlow
quantum_data = tfq.convert_to_tensor([circuit])
```

O Papel do TensorFlow em Áreas Emergentes

O TensorFlow está moldando o futuro da IA ao explorar áreas emergentes como:

- **Saúde e Biotecnologia**: Predição de doenças e descoberta de medicamentos.
- **Automação e Robótica**: Controle de sistemas autônomos em tempo real.
- **Sustentabilidade**: Análise de dados ambientais para mudanças climáticas e conservação.

O futuro da IA é repleto de possibilidades, e o TensorFlow continua a ser uma plataforma central para explorar esses novos horizontes. Com avanços em computação quântica, aprendizado federado e IA generativa, o TensorFlow oferece ferramentas poderosas para desenvolver soluções de próxima geração. Estar preparado para essas inovações garante que os profissionais da área possam aproveitar ao máximo o potencial transformador da inteligência artificial.

CAPÍTULO 24: APLICAÇÕES EM GRANDE ESCALA

O TensorFlow tem se consolidado como uma das ferramentas mais poderosas para aprendizado profundo, sendo amplamente adotado por empresas para resolver desafios complexos em grande escala. Desde sistemas de recomendação até previsões financeiras e análise de imagens, o TensorFlow oferece soluções que podem ser integradas de forma eficaz em sistemas corporativos. Este capítulo aborda as estratégias de integração em sistemas empresariais, destacando casos de sucesso que demonstram seu impacto no mercado.

Estratégias para Integração de TensorFlow em Sistemas Corporativos

Integrar o TensorFlow em sistemas corporativos requer uma abordagem estruturada que garanta escalabilidade, segurança e eficiência. Abaixo estão as estratégias essenciais para implementação bem-sucedida.

Arquitetura de Sistemas para TensorFlow

Empresas geralmente utilizam arquiteturas distribuídas para processar grandes volumes de dados e executar inferências em tempo real. A arquitetura típica inclui os seguintes componentes:

1. Pipeline de Dados

O pipeline de dados fornece informações em tempo real ou em batch para os modelos de TensorFlow. Ferramentas como Apache Kafka ou Apache Beam podem ser integradas para processamento de fluxos.

2. **Modelos em Produção**
Os modelos são treinados e otimizados em ambientes de desenvolvimento e depois exportados para produção, onde são implementados com TensorFlow Serving ou plataformas em nuvem.

3. **Infraestrutura em Nuvem**
O TensorFlow é amplamente suportado por provedores de nuvem, como Google Cloud Platform (GCP), AWS e Azure, que oferecem serviços de alto desempenho para treinamento e inferência.

Construção de Pipelines de Dados com TensorFlow

O TensorFlow oferece ferramentas integradas para criar pipelines robustos, como o tf.data, que facilita a manipulação de dados em larga escala.

python

```python
import tensorflow as tf

# Carregando dados de uma fonte corporativa
def load_data_from_database():
    # Simulação de dados recebidos de um banco corporativo
    return tf.data.Dataset.from_tensor_slices((X, y))

dataset = load_data_from_database()
dataset =
dataset.shuffle(10000).batch(64).prefetch(tf.data.AUTOTUNE)
```

Além disso, o TensorFlow Extended (TFX) é um framework poderoso para construir pipelines de aprendizado profundo ponta a ponta, desde o pré-processamento até a análise de métricas.

Treinamento Distribuído em Clusters

Para treinar modelos em grande escala, empresas frequentemente utilizam clusters com múltiplas GPUs ou TPUs. O TensorFlow simplifica essa abordagem com estratégias de treinamento distribuído.

python

```
strategy = tf.distribute.MultiWorkerMirroredStrategy()

with strategy.scope():
    model = tf.keras.Sequential([
        tf.keras.layers.Dense(128, activation='relu',
input_shape=(100,)),
        tf.keras.layers.Dense(10, activation='softmax')
    ])
    model.compile(optimizer='adam',
loss='sparse_categorical_crossentropy', metrics=['accuracy'])

model.fit(dataset, epochs=10)
```

Deploy com TensorFlow Serving

Após o treinamento, os modelos são exportados e servidos em produção usando TensorFlow Serving, que fornece APIs REST escaláveis.

bash

```
docker run -p 8501:8501 --name=tf_serving --mount
type=bind,source=$(pwd)/saved_model,target=/models/
my_model -e MODEL_NAME=my_model -t tensorflow/serving
```

Com o modelo em produção, clientes podem enviar requisições de inferência em tempo real:

python

```python
import requests
data = {"instances": [[1.0, 2.0, 3.0]]}
response = requests.post("http://localhost:8501/v1/models/
my_model:predict", json=data)
print(response.json())
```

Casos de Sucesso no Uso de TensorFlow

Empresas em diversas indústrias têm adotado o TensorFlow para solucionar desafios de grande escala. A seguir, estão três casos de sucesso que ilustram o impacto do TensorFlow.

Sistema de Recomendação de Conteúdo

Uma grande plataforma de streaming implementou o TensorFlow para personalizar recomendações de filmes e séries. Utilizando dados de comportamento do usuário, como histórico de visualização, interações e avaliações, o sistema é capaz de prever conteúdos que o usuário provavelmente assistiria.

Pipeline de Recomendação

Os dados do usuário são pré-processados para alimentar um modelo de aprendizado profundo, como o Neural Collaborative Filtering (NCF).

python

```python
import tensorflow_recommenders as tfrs

class RecommenderModel(tfrs.models.Model):
    def __init__(self):
        super().__init__()
```

```python
    self.query_model = tf.keras.Sequential([
        tf.keras.layers.StringLookup(vocabulary=unique_user_
ids, mask_token=None),
        tf.keras.layers.Embedding(len(unique_user_ids) + 1,
32),
    ])
    self.candidate_model = tf.keras.Sequential([
        tf.keras.layers.StringLookup(vocabulary=unique_movi
e_titles, mask_token=None),
        tf.keras.layers.Embedding(len(unique_movie_titles) +
1, 32),
    ])
    self.task =
tfrs.tasks.Retrieval(metrics=tfrs.metrics.FactorizedTopK(candi
dates=movies.batch(128)))

    def compute_loss(self, features, training=False):
        query_embeddings =
self.query_model(features["user_id"])
        candidate_embeddings =
self.candidate_model(features["movie_title"])
        return self.task(query_embeddings,
candidate_embeddings)

model = RecommenderModel()
```

O modelo resultante é capaz de fornecer recomendações em tempo real com alta precisão.

Previsão Financeira

Empresas do setor financeiro utilizam o TensorFlow para prever tendências do mercado e gerenciar riscos. Um exemplo é a implementação de modelos LSTM para previsão de séries temporais, como preços de ações.

python

```python
model = tf.keras.Sequential([
```

```
    tf.keras.layers.LSTM(64, return_sequences=True,
input_shape=(30, 5)),
    tf.keras.layers.LSTM(32),
    tf.keras.layers.Dense(1)
])

model.compile(optimizer='adam', loss='mse')
model.fit(train_data, train_labels, epochs=50, batch_size=32,
validation_data=(test_data, test_labels))
```

Diagnóstico Médico Automatizado

Na área de saúde, o TensorFlow é amplamente utilizado para análise de imagens médicas, como raios-X e ressonâncias magnéticas. Redes convolucionais treinadas em grandes datasets fornecem diagnósticos precisos e rápidos.

python

```
model = tf.keras.Sequential([
    tf.keras.layers.Conv2D(32, (3, 3), activation='relu',
input_shape=(256, 256, 1)),
    tf.keras.layers.MaxPooling2D((2, 2)),
    tf.keras.layers.Conv2D(64, (3, 3), activation='relu'),
    tf.keras.layers.MaxPooling2D((2, 2)),
    tf.keras.layers.Flatten(),
    tf.keras.layers.Dense(128, activation='relu'),
    tf.keras.layers.Dense(1, activation='sigmoid')
])

model.compile(optimizer='adam', loss='binary_crossentropy',
metrics=['accuracy'])
model.fit(train_images, train_labels, epochs=20, batch_size=64,
validation_data=(test_images, test_labels))
```

As aplicações em grande escala com TensorFlow demonstram sua capacidade de lidar com desafios corporativos complexos. A combinação de ferramentas avançadas, suporte a treinamento distribuído e integração com infraestrutura em nuvem permite que empresas inovem e se destaquem em seus mercados. Ao explorar casos de sucesso e implementar estratégias eficazes, organizações podem alavancar o poder do TensorFlow para criar soluções escaláveis e impactantes.

CAPÍTULO 25: PROJETOS PRÁTICOS PARA INICIANTES E AVANÇADOS

O aprendizado se torna mais eficaz quando aplicado a projetos práticos. Trabalhar em problemas do mundo real não apenas consolida conceitos teóricos, mas também desenvolve habilidades críticas para lidar com desafios em cenários diversos. Este capítulo apresenta sugestões de projetos para iniciantes e avançados, permitindo que leitores de todos os níveis explorem o TensorFlow de forma prática. Cada projeto é acompanhado de desafios que incentivam a personalização e a resolução de problemas reais.

Projetos Práticos para Iniciantes

Os projetos para iniciantes são projetados para ajudar a compreender os fundamentos do TensorFlow, como manipulação de dados, construção de modelos e execução de inferências.

Projeto 1: Reconhecimento de Dígitos com MNIST

Este projeto envolve a construção de um classificador simples para o famoso dataset MNIST. Ele ajuda a entender como configurar, treinar e avaliar um modelo.

Configuração do Dataset

Carregue o dataset MNIST usando o TensorFlow e processe os

dados para treinamento.

python

```
import tensorflow as tf

# Carregando o dataset MNIST
(X_train, y_train), (X_test, y_test) =
tf.keras.datasets.mnist.load_data()

# Normalizando os dados
X_train = X_train / 255.0
X_test = X_test / 255.0

# Expandindo dimensões para compatibilidade com CNNs
X_train = X_train[..., tf.newaxis]
X_test = X_test[..., tf.newaxis]
```

Construção do Modelo

Crie uma rede neural convolucional para classificar os dígitos.

python

```
model = tf.keras.Sequential([
    tf.keras.layers.Conv2D(32, (3, 3), activation='relu',
input_shape=(28, 28, 1)),
    tf.keras.layers.MaxPooling2D((2, 2)),
    tf.keras.layers.Flatten(),
    tf.keras.layers.Dense(128, activation='relu'),
    tf.keras.layers.Dense(10, activation='softmax')
])
```

Treinamento e Avaliação

Compile e treine o modelo com o dataset preprocessado.

python

```python
model.compile(optimizer='adam',
loss='sparse_categorical_crossentropy', metrics=['accuracy'])
model.fit(X_train, y_train, epochs=5, batch_size=32)
model.evaluate(X_test, y_test)
```

Desafios:

1. Adicione técnicas de regularização, como Dropout.
2. Experimente diferentes arquiteturas de rede para melhorar a acurácia.

Projeto 2: Análise de Sentimentos com TensorFlow

Construa um modelo de análise de sentimentos para classificar comentários como positivos ou negativos.

Configuração do Dataset

Use um dataset de textos curtos e prepare-o para o modelo.

python

```python
from tensorflow.keras.preprocessing.text import Tokenizer
from tensorflow.keras.preprocessing.sequence import pad_sequences

# Dados de texto
texts = ["I love this product", "This is the worst experience ever",
"Amazing quality", "Not worth the price"]
labels = [1, 0, 1, 0]

# Tokenizando os textos
tokenizer = Tokenizer(num_words=1000)
tokenizer.fit_on_texts(texts)
```

```
sequences = tokenizer.texts_to_sequences(texts)
X = pad_sequences(sequences, maxlen=10)
y = tf.convert_to_tensor(labels)
```

Construção do Modelo

Desenvolva uma rede LSTM para capturar a natureza sequencial dos textos.

python

```
model = tf.keras.Sequential([
    tf.keras.layers.Embedding(input_dim=1000,
output_dim=32, input_length=10),
    tf.keras.layers.LSTM(32, return_sequences=True),
    tf.keras.layers.LSTM(16),
    tf.keras.layers.Dense(1, activation='sigmoid')
])
```

Treinamento

Compile e treine o modelo com os textos e rótulos.

python

```
model.compile(optimizer='adam', loss='binary_crossentropy',
metrics=['accuracy'])
model.fit(X, y, epochs=10, batch_size=2)
```

Desafios:

1. Implemente a análise em um dataset maior, como o IMDb.
2. Ajuste a arquitetura para melhorar a precisão em diferentes tipos de textos.

Projetos Avançados

Os projetos avançados desafiam os leitores a implementar soluções para problemas complexos, aproveitando os recursos mais avançados do TensorFlow.

Projeto 3: Segmentação de Imagens Médicas

Este projeto utiliza redes convolucionais para segmentar imagens médicas, como radiografias.

Configuração do Dataset

Use um dataset de imagens médicas segmentadas.

python

```python
import numpy as np

# Carregando dados simulados
X = np.random.rand(100, 128, 128, 1) # Imagens de entrada
y = np.random.randint(0, 2, (100, 128, 128, 1)) # Máscaras
segmentadas
```

Construção do Modelo

Implemente uma U-Net, uma arquitetura comum para segmentação.

python

```python
inputs = tf.keras.layers.Input((128, 128, 1))
conv1 = tf.keras.layers.Conv2D(64, (3, 3), activation='relu',
padding='same')(inputs)
conv1 = tf.keras.layers.Conv2D(64, (3, 3), activation='relu',
padding='same')(conv1)
pool1 = tf.keras.layers.MaxPooling2D((2, 2))(conv1)
```

```
conv2 = tf.keras.layers.Conv2D(128, (3, 3), activation='relu',
padding='same')(pool1)
conv2 = tf.keras.layers.Conv2D(128, (3, 3), activation='relu',
padding='same')(conv2)
up1 = tf.keras.layers.Conv2DTranspose(64, (2, 2), strides=(2, 2),
padding='same')(conv2)
concat1 = tf.keras.layers.concatenate([up1, conv1])

outputs = tf.keras.layers.Conv2D(1, (1, 1), activation='sigmoid')
(concat1)
model = tf.keras.models.Model(inputs, outputs)
```

Treinamento

Treine o modelo com o dataset.

python

```
model.compile(optimizer='adam', loss='binary_crossentropy',
metrics=['accuracy'])
model.fit(X, y, epochs=20, batch_size=8)
```

Desafios:

1. Aplique o modelo a datasets reais, como o MICCAI Brain Tumor Segmentation.
2. Adicione técnicas para melhorar a segmentação, como atenção espacial.

Projeto 4: Sistema de Recomendação

Desenvolva um sistema de recomendação para sugerir produtos ou serviços com base no histórico do usuário.

Configuração do Dataset

Prepare um dataset contendo interações entre usuários e produtos.

python

```python
user_ids = ["user1", "user2", "user3"]
item_ids = ["item1", "item2", "item3"]
ratings = [5, 3, 4]

dataset = tf.data.Dataset.from_tensor_slices((user_ids,
item_ids, ratings))
```

Construção do Modelo

Implemente um modelo de fatoração matricial.

python

```python
class RecommenderModel(tf.keras.Model):
    def __init__(self, num_users, num_items, embedding_dim):
        super().__init__()
        self.user_embedding =
tf.keras.layers.Embedding(num_users, embedding_dim)
        self.item_embedding =
tf.keras.layers.Embedding(num_items, embedding_dim)

    def call(self, inputs):
        user_vector = self.user_embedding(inputs[0])
        item_vector = self.item_embedding(inputs[1])
        return tf.reduce_sum(user_vector * item_vector, axis=1)
```

Treinamento

Treine o modelo para prever interações entre usuários e itens.

python

```
model = RecommenderModel(num_users=100, num_items=50,
embedding_dim=16)
model.compile(optimizer='adam', loss='mse')
model.fit(dataset.batch(16), epochs=10)
```

Desafios:

1. Use dados reais de um dataset público, como MovieLens.
2. Adicione características adicionais, como tempo de interação ou categorias de itens.

Os projetos práticos apresentados neste capítulo oferecem uma base sólida para aplicar o TensorFlow em problemas reais. Ao abordar esses desafios, você estará preparado para implementar soluções avançadas, personalizadas e altamente eficazes. Ajuste, inove e explore os limites do aprendizado profundo com criatividade e persistência.

CONCLUSÃO FINAL

Chegamos ao final de nossa jornada pelo mundo do TensorFlow, e é momento de refletir sobre os tópicos que exploramos, consolidar o aprendizado e reconhecer o esforço dedicado a dominar essa poderosa ferramenta. Este livro foi projetado para ser mais do que um guia técnico — ele é uma porta de entrada para transformar ideias em soluções práticas, aplicáveis em diversas áreas. Vamos recapitular os principais temas abordados e destacar como cada capítulo contribuiu para construir uma base sólida e abrangente.

Resumo dos Capítulos

Capítulo 1: Introdução ao TensorFlow
Exploramos a história e evolução do TensorFlow, destacando como ele se tornou uma das plataformas mais usadas no aprendizado profundo. Comparamos suas funcionalidades com outras bibliotecas e discutimos seus impactos no cenário tecnológico.

Capítulo 2: Configuração do Ambiente
Guiamos o leitor na instalação do TensorFlow em diferentes sistemas operacionais e apresentamos ferramentas como Google Colab, essenciais para quem deseja iniciar projetos de aprendizado profundo sem grandes barreiras técnicas.

Capítulo 3: Fundamentos de Tensores

Discutimos a estrutura dos tensores, suas propriedades e operações fundamentais. Este capítulo estabeleceu a base para trabalhar com dados estruturados e explorar o potencial matemático do TensorFlow.

Capítulo 4: Estruturas de Dados no TensorFlow

Analisamos as diferenças entre tensores e arrays NumPy, mostrando como integrar e manipular datasets para projetos de aprendizado profundo.

Capítulo 5: Introdução ao Keras

Apresentamos a API Keras, destacando suas funcionalidades para construção de modelos sequenciais e funcionais. Este capítulo foi crucial para familiarizar o leitor com uma interface simples e poderosa.

Capítulo 6: Treinamento de Modelos

Exploramos o ciclo completo de treinamento de modelos, desde o forward pass e backpropagation até a configuração de hiperparâmetros, ilustrando como otimizar a performance.

Capítulo 7: Funções de Ativação

Discutimos as principais funções de ativação, como ReLU, Sigmoid e Softmax, explicando seus usos em diferentes cenários e os impactos nas redes neurais.

Capítulo 8: Regularização de Modelos

Mostramos técnicas como Dropout e L2 regularization, fundamentais para evitar overfitting e melhorar a generalização dos modelos.

Capítulo 9: Datasets e Pipelines com tf.data

Determinamos como criar e manipular datasets eficientes com a API tf.data, garantindo pipelines otimizados e escaláveis para processamento de dados.

Capítulo 10: Redes Convolucionais (CNNs)

Exploramos a base das CNNs e sua aplicação em visão computacional, incluindo a implementação de classificadores de imagens.

Capítulo 11: Redes Recorrentes (RNNs)

Abordamos redes como LSTMs e GRUs, essenciais para processamento de séries temporais e sequências.

Capítulo 12: Transfer Learning

Destacamos a reutilização de modelos pré-treinados, economizando tempo e recursos ao aplicar o aprendizado transferido para novos problemas.

Capítulo 13: Redes Adversárias Generativas (GANs)

Introduzimos o conceito e a implementação de GANs, uma técnica avançada para geração de dados realistas.

Capítulo 14: Transformers

Examinamos os Transformers, sua estrutura inovadora e impacto no processamento de linguagem natural, com exemplos de implementação de BERT e GPT.

Capítulo 15: Visualização com TensorBoard

Demonstramos como monitorar métricas de treinamento,

analisar gradientes e visualizar gráficos do modelo usando o TensorBoard.

Capítulo 16: Aplicações em IoT
Exploramos como o TensorFlow Lite é usado em dispositivos embarcados, permitindo computação de borda em aplicações IoT.

Capítulo 17: Treinamento Distribuído
Analisamos estratégias para treinar modelos em clusters e múltiplas GPUs, acelerando processos de aprendizado em larga escala.

Capítulo 18: Exportação e Deploy de Modelos
Detalhamos como exportar modelos para produção e implementá-los com TensorFlow Serving e serviços de nuvem.

Capítulo 19: Optimizers e Loss Functions
Discutimos os principais otimizadores e funções de perda, mostrando como escolher as opções ideais para cada tarefa.

Capítulo 20: Benchmarking e Otimização
Ensinamos a identificar gargalos de desempenho e implementar otimizações práticas para maior eficiência computacional.

Capítulo 21: Segurança e Robustez em Modelos
Abordamos estratégias para proteger modelos contra ataques adversários e garantir robustez em cenários críticos.

Capítulo 22: Estudos de Caso

Apresentamos exemplos reais de aplicações com TensorFlow, destacando soluções em classificação, NLP e visão computacional.

Capítulo 23: TensorFlow e o Futuro da IA

Discutimos as tendências emergentes em IA, incluindo aprendizado federado, computação quântica e IA generativa, destacando o papel do TensorFlow nesses avanços.

Capítulo 24: Aplicações em Grande Escala

Demonstramos como integrar TensorFlow em sistemas corporativos, explorando casos de sucesso em recomendação, previsão financeira e diagnóstico médico.

Capítulo 25: Projetos Práticos para Iniciantes e Avançados

Sugerimos projetos para consolidar o aprendizado, incentivando o leitor a aplicar o TensorFlow em desafios reais, desde problemas básicos até soluções complexas.

Ao chegar ao final deste livro, quero expressar minha mais sincera gratidão. Cada página foi escrita com o objetivo de tornar sua jornada de aprendizado mais acessível, estruturada e prática. O esforço que você dedicou para explorar cada capítulo é um reflexo de sua determinação em dominar o TensorFlow e aplicar esse conhecimento para transformar ideias em realidade.

Seja você um iniciante ou um profissional experiente, seu compromisso com a aprendizagem e a busca constante por inovação são inspiradores. É por meio de leitores como você que o potencial da inteligência artificial se concretiza, impactando positivamente nossas vidas e moldando o futuro.

Atenciosamente,
Diego Rodrigues e Equipe!